理系のための「実戦英語力」習得法
最速でネイティブの感覚が身につく

志村 史夫 著

ブルーバックス

装幀／芦澤泰偉・児崎雅淑
カバーイラスト／polygraphus／gettyimages
本文デザイン・図版制作／鈴木知哉＋あざみ野図案室

はじめに

 近年、オリンピックに代表される国際的なスポーツ大会で活躍する選手たちが、現地メディアの取材に対して英語で答える姿を目にすることが増えてきた。日ごろから練習拠点を海外に置いているような選手であれば、コーチとのやりとりにも英語を使うであろうから、一流のアスリートほど、英語を使う必要性に迫られているに違いない。
 現代の日本社会で、彼ら以上に英語を使わざるを得ない環境に身を置いているのが、われわれ理系人である。
 なにしろ、どんなに優れた研究や技術開発をしようとも、国際的に通用する「正確で明瞭な英語」で論文や報告書を書き、情報発信しなければ、絶対に評価されることはないからだ。それは、好成績・好記録を叩き出せば、たとえ英語で取材に応じることができなくても、すぐさま高く評価されるスポーツ選手と決定的に異なる点である。
 同様に、最先端の科学情報により早く接し、かつその内容を正確に理解するためにも、国際的に通用する英語力（この場合は読解力）が必要不可欠である。
 したがって、「国際的に通用する『正確で明瞭な英語』を読み、書き、話し、聴く力」こそが、理系人に要求される「実戦英語力」ということになる。本書は、特に「読む」「書く」に焦点を当てて「実戦英語力」を習得することを目標とする。
 ここで、「実戦」という言葉を用いた意味を説明してお

かなければならない。通常ならば「実践」を使うところだが、国際的な舞台で通用・活躍する、すなわち「戦う」ことが欠かせない理系英語においては、「実戦」こそがふさわしい。この点もまた、さまざまな国の選手と成績を競うオリンピック選手と、われわれ理系人との共通点であろう。

科学や技術は、人類にとって普遍的な価値をもつ知識・智慧の積み重ねである。その構築・発展に携わる理系人は、自らの仕事を世界に向かって報告・主張する責務を負っている。発見した法則や確立した技術を世界中に知らしめるために、国際言語としての地位を不動のものとしている英語を使わざるを得ないゆえんである。

さて、「実戦英語力」を強化するために書かれた本書には、他の英語本とは一線を画すいくつかの特徴がある。

第一に、研究・教育の場として10年半をアメリカで過ごした私の実体験に基づく、確実に効果のある学習法だけを紹介したことである。詳しくはプロローグに譲るが、私は、専門とする半導体・結晶物理の世界において、英語による多数の論文・書籍を著してきた。それらは、英語として国際的に通用したうえで、幸いにして内容面でも高い評価を受けることができた。

どのようにしてその「実戦英語力」を習得したのか。そのエッセンスをあますところなく開陳している。そこでは、日本人であるがゆえに英語力向上の妨げとなる要素を分析し、その克服法にも触れている。

科学を深めるためには議論が不可欠だが、欧米人にまじ

めに議論する気をなくさせるような「日本人特有の英語表現」も少なくないのが実情で、われわれはなんとしてもこれを克服しなければならない。

　第二に、理系英語とはどのようなものか、われわれが習得すべき理系英語の特徴を徹底的に考え抜いていることである。「論理が明快で誤解の余地がなく、なるべく短い文で書く」ことを信条とする理系英語の特徴を知れば、その習得に至る道のりへの見通しが明るくなる。これまでの英語学習に辛さ、苦しさを感じてきた読者には、大いに励ましとなるだろう。

　第三に、「英文法」の重要性を強調したことである。ただし、本書における「文法」は、理屈抜きで憶えさせられた「学校英語の文法」とはまったく異なり、「ネイティブが感覚的に身につけている文法」である。

　われわれ日本人が日本語を使うとき、いちいち「文法」を考えることはないが、確かに文法に則った、正確で明瞭な日本語で表現することができる。これとまったく同様のことを目指して、「文法」と「ネイティブの感覚」を結びつけて解説したのも、本書の大きな特徴である。

　第四に、飛躍的に英語力が伸び、ネイティブの感覚に近づく最短かつ最善の方法を紹介する。それがどのような方法なのか、本文をぜひ楽しみにしていただきたい。

2018年3月吉日

志村　史夫

理系のための「実戦英語力」習得法　もくじ

はじめに　3

プロローグ —— 物理学者が「英語」の本を書く理由　11

理系英語＝「歴史に遺る研究」を世界にアピールする道具／"occasionally"の意味、わかりますか？／英語なくして、研究の道はひらけない／「学校英語」を「実戦英語」に変える —— 理系英語をモノにする法／本書の目的 —— 理系のための「読力」と「書力」を徹底的に高める／英文法の知識が役に立つ、英文法の知識を役立てる！

Chapter 1 日本人と英語
—— 上達するために知っておくべき「日本人ならでは」の長所と短所　33

1.1 「理系英語」をなぜ学ぶか　34

「本当に必要な人」にだけ身につく能力／科学者・技術者にとっての英語とは？／ノーベル賞を逃した日本語論文

1.2 「日本人ならでは」の英語　41

日本文化の弊害を知っておく／カタカナ英語の弊害とは？／理系英語に「謙譲」は不要／文化や生活習慣の違いが生む「語彙の違い」／有機物を扱う医学や生物ジャンルで注意すべきこと／英和辞典は捨てなさい —— 「英英辞典」を活用

contents

せよ／「和英辞典」が引き起こした大失態／飛躍的に英語力がつく方法 ── 「英英辞典」を読み込む

Chapter 2 理系英語とはどのようなものか
── 特徴を知れば、上達も速くなる！ 69

2.1 理系英語と文系英語 70

英語の樹／語彙はどのくらい必要か？── 暗記式は効果なし！／語彙力強化法／「和英辞典」活用法／文系英語よりずっとかんたんな理系英語／明快な理系英語の実例／理系英語の使命／冗長句を避ける

2.2 英語の「構造」を知る 93

△型と▽型 ── 説明が先か、結論が先か／口頭発表では致命傷になり得る△型／名詞を重視せよ

2.3 「読む力」と「書く力」 100

英語を"読む"とはどういうことか／理系の文章・論文は、英語のほうがわかりやすい／文法こそが決定的に重要である！／「書くため」に「読む」と心得よ／「どのように」読むか ── block読みの勧め／「読解力」強化法／「何を」「何のために」書くか ── 日本語からの英訳はダメ！／「英語→日本語」で失敗した実体験／「どのように」書くか／略語はむやみに使うな、創るな／「書く力」をどう強化するか ── 筆写の勧め／ファインマンに学ぶ英語／English nativeによる添削指導

Chapter 3 「理系英語の文法」を攻略する
—— English nativeの感覚を体得せよ 149

理系英語にとって「決定的に重要」な文法

3.1 「何が・誰が」の文法
—— 名詞と冠詞の考え方 153

理系英語の"命"は冠詞

3.1.1 名詞を攻略する 154

「数えられるか、数えられないか」だけに注目せよ／物質名詞の場合／抽象名詞の場合／集合名詞は?／「可算」「不可算」を分けるロジック／単数形と複数形 —— 池に飛び込んだ蛙は「何匹」か?／規則的な複数形／不規則な複数形／外来語の場合は?／文字、数字、略語の複数形／つねに複数形の名詞

3.1.2 名詞を「限定」「修飾」するルール 171

"難敵"冠詞を攻略する／理系英語の主役は名詞より冠詞／冠詞は「限定詞」である／theの用法に習熟する —— それは"ただ一つ"に決まるか／「話の筋=論理」を通す冠詞の役割／「そこに山があるからだ」の山は、theかaか／形容詞と数量詞の考え方／数量の程度 —— あいまいさを避けるべし／「概数」をどう表すか／修飾の程度／副詞を置くべき場所／注意を要するwellとonly

contents

3.1.3 「英語力」に直結する関係詞 191

関係代名詞を攻略する —— 重要なのはwhichとthat ／限定用法と非限定用法／前置詞を伴う関係代名詞／関係代名詞を省略できる場合／関係副詞の使い方／関係副詞が省略できる場合

3.2 「どうする・どうある」の文法
　　—— 動詞と態を使いこなす 209

3.2.1 動詞の性質と基本文型 209

基本的な「型」と「構造」を知る／be動詞 —— 状態動詞の雄／There is/are ...の構文／It is ...の構文

3.2.2 動作主は「誰」か？ 215

人称と数、時制の一致／「理系英語」ならではの分詞構文／分詞構文を使いこなすための「鉄則」／受動態の効用／主語が一人でも"we"とすべし／the authorは？／受動態の効果的用法／受動態の前置詞

3.2.3 「状態・動作」の否定と仮定 236

否定表現に強くなれば、英語力も高まる／"not"による否定／文法的には正しいのに、English nativeが「不自然」と感じる否定／「強い否定」と「弱い否定」 ——「その細胞はまったく得られない」をどう表現するか／「数」を表すfew、「量」を表すlittle ／仮定表現に強くなる

3.2.4 動詞を修飾する副詞の位置 245

様態の副詞／頻度の副詞

3.3 「いつ」の文法 —— 時制を支配する法則 248

3.3.1 動詞の表現 248

過去・現在・未来／時制＝「動詞の形」と「時間概念」の対応関係／その動詞が示しているのは「状態」か「動作」か

3.3.2 時間と時の表現 255

現在時制／現在の状態／現在の動作／現在の習慣／現在進行形／現在完了形／現在完了進行形／過去と現在完了／過去進行形／過去完了形／過去完了進行形／未来の表現法／"will"による未来表現／"be going to"による未来表現／"be to"による未来表現／未来進行形／未来完了形／未来完了進行形

巻末付録………272
(1)接頭辞………272
(2)接尾辞………281
(3)語根…………285

主な参考図書…288

さくいん………289

プロローグ──物理学者が「英語」の本を書く理由

▶ 理系英語＝「歴史に遺る研究」を世界にアピールする道具

　私は「英語の専門家」ではなく、半導体や結晶の物理を専門とする"理系の人間"として、アメリカで10年半生活した「英語の使用者」である。この10年半のうちの3年半はアメリカ企業の研究所で研究員・研究マネージャーとして、7年は州立大学の教授として研究と教育に従事した。この間、日本人同士の会話は別として、すべて英語を使って生活し、仕事をしてきたわけである。

　ところで、一口に「英語」といっても「さまざまな国の英語」があるが、私が使ってきたのは、いわゆるアメリカ英語（American English）である。話し言葉の場合、発音において「さまざまな国の英語」によっては顕著な差が現れるものの、少なくとも本書が扱う理系英語の書き言葉（文章語）においては、たとえばイギリス英語（British English）とアメリカ英語の間で使用する単語や表現に多少の違いが見られることはあっても、大きな違いがあるわけではない。とはいえ、本書で述べる「英語」が「アメリカ英語（米語）」の意味であることを初めにお断りしておく。

　余談ではあるが、2017年のノーベル文学賞を受賞した日系イギリス人のカズオ・イシグロ氏のインタビューの美しいイギリス英語を拝聴して、アメリカで長年接し、私自

身が使ってきたアメリカ英語との違いを、日本人としてあらためて実感したのは事実である。俗ないい方をすれば、「イシグロさんの英語は品があって、カッコイイなあ」と思ったのである。もちろん、一口に「イギリス英語」「アメリカ英語」といっても、「日本語」がそうであるように、使い手によって千差万別ではあるが、一般的教養人が話す英語に限っていえば、私が「アメリカ英語よりイギリス英語のほうがずっと美しいなあ」と思う気持ちは否定できないし、私自身、イギリス英語に憧れているのも事実である。

しかし、こと理系英語の文章語においては、両者に気にするほどの違いはないので安心していただきたい。

さて、いうまでもないことであるが、日本からの「客人」としてではなく、アメリカでアメリカ社会の一員として生活する者にとって、英語はまさに必要最低限の「道具」である。渡米時、永住のつもりであった私にとってはなおさらであった。

永住権はもっていたもののアメリカ国籍をもたない私は、アメリカでは「外国人」ではあったが、英語は私にとって第二言語であっても外国語であることは許されなかった。また、自分の仕事の場や活躍の場をアメリカに限らず"世界"に求めるならば、国際言語である英語を使わざるを得ない。

私が渡米したのは35歳のときであったが、永住のつもりで渡米することになったのも、渡米してすぐに「客人」ではなくアメリカ企業の一員となり、研究者・研究マネー

プロローグ

ジャーとして通用したのも、(自慢するわけではないが)事実としてその時点で、私の「英語力」が必要最低限のレベルは超えていたからである。しかし、アメリカでの社会生活、仕事のための必須の「道具」として英語を使わなければならない以上、私は「その機能を高めよう」「いかにして native English に近づけるか」といろいろ考え、努力もした。

私が永住のつもりで渡米することになったのも、アメリカでの研究生活が実現したのも、私が研究論文をすべて英語で書いていたことに端を発する。

日本人の"謙譲の美徳"を考えればいいにくいことではあるが、正直に書かせていただければ、もし、私が英語で論文を書いていなかったら、そしてその論文が英語的にも内容的にも「国際的 level」に達していなかったら、私の「アメリカでの生活」はなかったし、「現在の私」もなかったのである。

私には、アメリカを含む外国留学の経験はなく、渡米以前の英語力は日本で身につけたものである。私は本書で、日本人の私が、日本にいて、どのようにして、アメリカで生活・仕事をするうえでの必要最低限のレベルの英語力を身につけたのか、そして、その英語をアメリカ生活の中でどのように磨いていったのか、さらには、ノースカロライナ州立大学教授時代、中国からの留学生や日本からの客員研究員の英語力をいかに鍛えたのかを述べ、実戦的な英語力を身につけたいと考えている読者の参考にしていただきたいと思う。

● "occasionally"の意味、わかりますか？

大学卒業後、私の本当の研究者らしい研究生活は 1974 年、日本電気中央研究所に入所したときから始まった。当初は誘電体などの酸化物結晶の研究についたが、1976 年に発足した国家プロジェクト（超 LSI 技術研究組合）に翌 1977 年に配属されてから 1983 年まで、半導体結晶（主としてシリコン）の研究に従事した。この間、半導体シリコン結晶などに関する 13 編の研究論文（前述のようにすべて英語）を書いたが、それらのうちのいくつかが「国際舞台」で評価された。そして、これらの論文のおかげで、1983 年に永住のつもりでアメリカに渡ることになるのだが、その伏線は 1977 年の夏、私にとっては初めての国際会議（結晶成長国際会議）が行われたマサチューセッツ工科大学（MIT）に向かう途中、当時、半導体研究の"殿堂"ともいうべき、憧れの Bell 研究所（Summit, New Jersey）を訪問したことにあった。

私は、論文を読んで憧れていた J. R. Patel 博士に直々に研究所を案内されたことに加え、玄関にあった Graham Bell の胸像の台座に刻まれた、

*Leave the beaten track occasionally
and dive into the woods.
You will be certain to find something
that you have never seen before.*

プロローグ

図1　Graham Bell 像に刻まれた言葉

という言葉（図1）に感動したのである。

これは、本書の読者であれば誰にでも簡単に意味がわかる英文と思われるが、じつは意味深長である。"occasionally" と "will be certain" に注意して全体を読んでいただきたい。

一般に、"occasionally" は「時おり、時々、しばしば」と簡単に訳してしまうことが多いが、この "occasionally" の元の "occasion" の意味をしっかりと考えていただきたい。"occasion" は単なる「時、機会、出来事」ではなく、"time at which a particular event takes place, right time, chance" を意味している。このような "occasion" は誰にでも、いつでも、ひんぱんに訪れるものではない。

そして、"beaten track" は「踏み固められた道、誰もが通る道」である。つまり、上記の最初の文は、「好機が訪

15

れたら、誰もが通る安全な道から外れて、未踏の森の中に飛び込んでみなさい」という意味なのである。

続く文で、Bell は "will find" とはいってくれていない。"will be certain to find" といっているのである。「未踏の森の中に飛び込んだ」からといって、誰にでも "something that you have never seen before（いままでに決して見たことがない何か）" を "will find" できるほど、世の中、研究の道は甘くはない。未踏の道に飛び込めば、ふつうは路頭に迷うか、野垂れ死にするのがオチである。

Bell がいっているのは、"to find（見つけること）" に "will be certain（疑いをもたないかもしれない）" であって、"(be) certain（疑いをもたない）" ではないのである。beaten track から外れて未踏の森の中に飛び込んで行かない限り、"something that you have never seen before" を見つけることができないのは "certain" である。

私は、この Bell の言葉こそ、「研究者」というものの本質をついていると思った。そして将来、occasion があれば、ぜひアメリカという woods（未踏の地）で研究生活を送りたい、さらには、いつか自分に研究成果を1冊の本にまとめるような occasion が訪れたら、この Bell の言葉を掲げたい、と強く思ったのである。

● 英語なくして、研究の道はひらけない

アメリカ移住の occasion は意外に早く、Bell の言葉に感動した5年後に訪れた。

私が1979〜1981年に書いた論文が1982年にアメリ

カ・デトロイト（Detroit）で開催された「第1回超LSI科学・技術国際会議（The First International Symposium on Very Large Scale Integration Science and Technology）」の組織委員の目にとまり、会議初日の招待講演者として招かれたのである。私の講演題目は "*Behavior and role of oxygen in silicon wafers for VLSI*"、講演時間は30分だった。この講演の後、私はアメリカ、ドイツの複数の研究機関から勧誘を受けた。結果的に、私は翌1983年の春、当時、世界最大の半導体結晶の研究所といわれたモンサント・セントルイス研究所に、アメリカに永住するつもりで移籍したのである。

そしてその4年後、こんどはノースカロライナ州立大学に教授として引っ張られ、転職することになる。アメリカの大学教授は日本の大学教授と比べるとはるかにきつい仕事ではあるが、大学に移った初年、私には自由になる時間が多かった。とても幸運なことに、私に半導体シリコン結晶に関する専門書の執筆依頼がAcademic Pressからあったのは、まさにこのときだった。Academic Pressといえば、学術書出版社の中では一流中の一流である。私はこの幸運に狂喜し、生涯の大作となる書 *Semiconductor Silicon Crystal Technology* を書き上げた。そして、その10年前、Bell研究所で思った「いつか自分に研究成果を1冊の本にまとめるような occasion が訪れたら、このBellの言葉を掲げたい」を実現したのである（図2）。

永住のつもりで渡ったアメリカではあったが、私は結局、いろいろと考えるところがあって（その理由は本書の

図2　Bell の言葉を掲げた自著

内容と関係ないので省く）10年半後の1993年秋に日本に帰って来た。それ以降は半導体研究の第一線から引退し、興味の赴くまま自分自身の pace でさまざまな分野の"道楽的研究"（しかし、すべては半導体研究を原点としている）を続けている。

帰国後、およそ10年が経ったとき、「エレクトロニクス50年史（"*An Electronics Division Retrospective (1952-2002) and Future Opportunities in the Twenty-First Century*", by Howard R. Huff, *Journal of The Electrochemical Society*, 149(5)S35-S58, 2002)」がまとめられた。「エレクトロニクス史」において、第一に重要な出来事は1948年のトランジスター（transistor）の発明であるが、こんにちの「エレクトロニクス文明」に直結するのは1952年の集積回路（Integrated Circuit: IC）の予言、1959年の

出現である。上記 "1952-2002" の、"1952" はその年であり、"2002" は Electrochemical Society（ECS）の創立100周年記念の年だった。

この「エレクトロニクス50年史」の Figure 1 を飾ったのは、当然のことながら「エレクトロニクス文明」の嚆矢であるトランジスターを発明したショックレイ（Shockley）、バーディーン（Bardeen）、ブラッテン（Brattain）の3人（1956年にノーベル物理学賞受賞）だった。以降、「エレクトロニクス」の発展に貢献した研究者とその業績が次々に紹介されているのであるが、まことに光栄なことに、Figure 25 に私を登場させてくれている。これは、上記の招待講演の論文 *Behavior and role of oxygen in silicon wafers for VLSI* や *Semiconductor Silicon Crystal Technology* が評価された結果であった。

どんな分野であれ、その分野の研究史がまとめられる際に、自分の名前が登場するというのはこのうえなく嬉しいことであり、光栄なことである。しかも、それを存命のうちに見られるとは！ これも、私が研究論文を英語で書いてきたからである。

私は、若い研究者、また研究の道を志す学生諸君に、心から申し上げたい。

それぞれの分野の研究史に遺るような研究をしていただきたい（拙著『一流の研究者に求められる資質』牧野出版、2014）。そして、そのような研究を世界に appeal するためには、どうしても国際言語である英語を使わなければならない。

そのための「英語力」は、勉強・努力次第で必ず身につけることができる。

●「学校英語」を「実戦英語」に変える
―― 理系英語をモノにする法

私を含む一般的な日本人の英語学習の過程を考えてみよう。

現在は小学校から英語が教科の一つになっているようだが、私が英語を習い始めたのは中学1年のときである。本書が対象にしている多くの読者（具体的には後述する）も同様であろう。

私は、外国語である英語の教科書を生まれて初めて手にしたとき（もう半世紀以上も昔）の感動をいまでもはっきりと憶えている。その教科書の最初に出ていた英語の文は"I am a boy. You are a girl. This is a pen. That is a book." だった。

私は10年余りアメリカで生活したが、中学校で最初に習ったこれらの英文を使ったことはもちろん、聞いたことも一度としてなかった。考えてみれば当然であろう。"I am a boy. You are a girl. This is a pen. That is a book." のようなことをいう機会が、実際の生活の中であり得るだろうか。私がもし、実際にそのようなことをいったとすれば、私の"知性"は間違いなく疑われるだろう。私自身、もし、まじめな顔をしてそのようなことをいう人に会ったとすれば、間違いなくその人の知性を疑う。

いまにして思えば、なんという笑止千万、奇怪な文章を

もって英語を習い始めたことだろう。さすがに、最近の中学校の教科書からは"I am a boy."や"You are a girl."のような奇怪な文は消え、自然な"会話"文から英語学習が始められているものと信じるが、アメリカで生活するようになって以降、「学校で習った英語はいったいなんだったんだ！」と腹立たしく思ったことは少なくない。

たとえば、前置詞問題の"定番"の一つに、

「6時10分前です」 It is ten minutes (　　) six.
（　　）に入る前置詞はなにか

というのがあった（いまでもあるだろうか？）。ごくごく素直に考えれば、「前」なのだから"before"でよさそうだが、それは×で、正解は"to"だった。

私も、渡米直後は律儀に"to"を使っていたのだが、このような場合に"to"を使うアメリカ人は稀だった。接するアメリカ人のほとんどが"before"を使うことに気づいてからは、私も"before"に変えた。親しいアメリカ人に「日本の学校ではtoが正しく、beforeは誤りと教わったのだが……？」というと、「まあ、文法に厳格なカタブツはtoを使うかもしれないが、フツウのアメリカ人はbeforeを使う」とのことであった。私は「なあ～んだ、素直にbeforeを使えばいいんだ」と安心したものである。

同様に発音についても、「なあ～んだ」と思ったことが少なくない。

たとえば、学校英語の発音問題の"定番"の一つに、

「silent "t"」、すなわち「発音しない "t"」がある。代表例が "often" で、学校で習った正しい発音は［ɒfn］であり［ɒftn］のように "t" を発音したら×だった。

ところが、親しいアメリカ人（私と同じ分野の著名なニューヨーク出身の学者）がいつも［ɒftn］と "t" を発音するので、気になって日本の学校で習ったことをいうと「ニューヨーク出身者の多くは［ɒftn］と発音する」ということだった。聞くところによれば、ポートランド出身者の多くも "t" を発音するらしい。実際に、私のアメリカでの経験からいっても、"often" の "t" を発音するアメリカ人が少なからずいる。

また、試験問題の"定番"に「(a) と (b) が同じ意味になるように（　）の中に適当な語句を入れよ」という問題があった。（　）に入る語句は、たとえば (have to) と (must)、(will) と (is going to) であったりする。しかし、日本語では同じ「～しなければならない」、「～するつもりである」であっても、英語の微細な差異を考えれば (have to) と (must)、(will) と (is going to) では同じ意味にはならないのである。だから "have to" と "must"、"will" と "is going to" という２つの表現が存在するのだ。にもかかわらず、「学校英語」ではそれらが「同じ意味」として扱われる。

本来、英語は英語であり、また communication（後述するように、本書では「英英辞典」の効用を強調するので、極力 "カタカナ日本語" ではなく、元の英単語を使う）の道具としての言語の役割を考えれば、英語に「学校

英語」や「実用英語」(本書でいう実戦英語)のような"種類"があるのはヘンである。しかし、私自身の経験からいっても、私が日本の学校で習った英語(学校英語)とアメリカで実際に使われている英語(実戦英語)とは、必ずしも同じ英語とは思えないのである。

　日本人は通常、誰でも中学校から(最近では小学校から)英語を義務教育として学習する。本書の読者の大半は、十数年以上の英語学習経験者であろう。総じて、日本人が「英語」に捧げる時間、労力は相当なものではないか。しかし、正直にいわせてもらえば、少なくとも「文明国」といわれている国で、日本人ほど英語を使えない国民はいないのではないかと思う。私はいま、"一般的なこと"をいっているのであり、もちろん日本人の中にもnative speaker並みの英語の達人がいることも事実ではあるが、多くの日本人の「実戦英語力」は、彼らが捧げた時間と労力がはなはだ虚しくなるlevelに留まっているのではないだろうか。

　ノースカロライナ州立大学時代、私の研究室には日本人の客員研究員のほかに中国人や韓国人、ポーランド人、ペルー人、ウクライナ人など、英語を母国語としない国から来た助手や留学生がいた。また、私の授業を受けに来る学生の中にもそのような留学生は少なくなかった。もちろん、私たちの日常語は国際交流言語である英語である。彼らの英語力と比較してみると、明らかに日本人の実戦英語力が劣っているといわざるを得ないのである。英語の勉強に6〜10年、あるいはそれ以上の年月をかけた日本人の

英語が、ほとんど実践の場で使いものにならないというのは、やはり何かがおかしい。

その"何か"とは何なのか。

一言でいえば、私たちが学校で習ってきた「学校英語」は「受験英語」であり、必ずしも実戦を目指したものではなかったことであると私は思う。もちろん、私は「学校英語」や「受験英語」を全面的に否定するものではない。私たちはそれらを通じて英語の基礎を学んだし、私がこれから述べようとする「実戦英語」の基盤となるものでもある。

私たち日本人が日本にいて、「学校英語」を脱して「実戦英語」を身につけるのは容易なことではないが、こと"理系英語"に限ってみれば、工夫と努力次第で必ずモノになる。それは私自身の経験と、私がアメリカの大学時代に、日本人を含む英語を母国語としない国からの留学生たちを鍛えた経験から自信をもっていえることである。

本書ではこれから、その工夫と努力の要点を述べる。本書の読者には希望をもって精進していただきたいと思う。

▶本書の目的──理系のための「読力」と「書力」を徹底的に高める

最初に申し上げたいことがある。

テレビや新聞の広告を眺めていると、「健康」に関わる商品とともに多いのが「英語教材」に関わる商品のような気がする。それらの英語教材の宣伝文句には、「私は英語のための勉強はしない。ただ聞き流すだけ！」「テキストも辞書もいらない」「考える前に英語がでしゃばってくる」「初めは一日５分聞き流す！　聞くだけで英語が口を

プロローグ

ついてでてくるなんて画期的！」「遊び心で英語が身につく」「いいんですか？　こんなに楽して英語をマスターして」などという、夢のような言葉が並んでいる。

　このような広告が絶えることなくテレビや新聞に大きく登場することを考えると、これらの商品を求める人が絶えることなく存在しているということに違いない。また、書店の本棚には「20日間で英語ペラペラになる本」「英語速習マニュアル」「早く手軽に英語をマスターするコツ」といった類の本が所狭しと並んでいる。

　これらの広告や本が意味する「英語」がどのようなものなのか、私にはわからないが、少なくとも、本書ですでに述べてきたような、またこれから述べるような実戦英語が、テキストも辞書も必要とせず、一日５分聞き流すだけで、楽して早く手軽にマスターできるようなことは、18ヵ国語に通じたという南方熊楠（1867-1941）のような語学の天才でない限り、絶対にない。もしあるとすれば、それはまさに夢の中の話である（じつは、後述するように、南方熊楠ですら、それなりの努力をしているのだ）。

　したがって本書は、巷に溢れているような「夢のような教材」ではないし、本書を読んだだけでは英語が身につかないことも明らかである。まず、英語習得に対する幻想（非現実的なことを、夢でも見ているかのように心に思い浮かべること）を捨てていただきたい。

　また本書は、"理系英語"の書き方や表現法、あるいは直接的に役立つphraseなどを伝授することを目的とするような本でもないことを最初にお断りしておく。

英語に限らず、言語は意思疎通・交流（communication）のための道具であるが、そこには図3に示すように「読（む）・書（く）・聴（く）・話（す）」の4技能（これらを合わせて"語力"とよぶことにする）が含まれる。これらのうち、「読（む）・書（く）」によるcommunicationが"written communication"、「聴（く）・話（す）」によるのが"oral communication"である。また、「読・聴」技能を"受動的（passive）communication"、「書・話」技能を"能動的（active）communication"とよぶことにする。

ところで、いま"きく"に対して"聴"という漢字を使ったが、この文字は一般に使われる"聞"とは異なる意味をもっている。その違いを理解することは、われわれが英

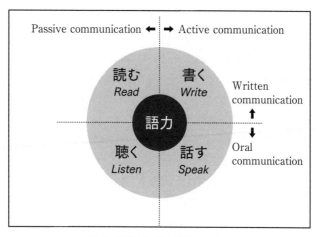

図3 「語力」は4技能からなる

語を勉強するうえできわめて重要である。

まず、"聞"は、耳を通して音や声が"きこえてくる"という物理的現象を意味しており、"聞く"は英語では "hear (= perceive [sound, etc.] with the ears)" である。つまり、空気中を伝わる音波が鼓膜を物理的に振動させているのが "hear" である。一方の"聴"は、"聞こうと思って聞き、その意味を理解しようと注意を集中する"という意味で、英語では "listen (to) (= try to hear, pay attention)" が相当する。

たとえば、大きな部屋で講演するようなときに、最後列の聴衆に「聞こえますか？」と訊ねるのは "Can you hear me?" である。これに対して、「私のいうことを聴いてください」は "Listen to me." である。

ちなみに、日本語の"補聴器"に相当する英語は "listening aid" ではなく "hearing aid (= electronic device for helping deaf people to hear)" である。機械は"聞く"のは助けてくれるが、"聴く"のは助けてくれない。そのうち、人工知能（AI: Artificial Intelligence）の発達によって"聴く"のを助けてくれる、正しい意味での"補聴器"が登場するかもしれないが、現時点で、そのようなありがたい機械は存在しない。助けてくれるのはあくまでも"聞く"ことだけである。

したがって、現在の"補聴器"は、正しくは"補聞器"でなければならない。同様に、健康診断で行われる"聴力テスト"は"聞力テスト"とよばれるべきである。もちろん、本来の意味での"聴力"という能力は存在するが、耳

鼻科などで機械を使って行う検査は"聞力"を調べるものであって、"聴力"を調べるものではない。

さて、生まれてから現在に至るまで、われわれが母国語（native language）である日本語を習得した過程を思い出せば明らかなように、一般に言語は、聞→聴→話→読→書の順で習得するし、それが自然でもある。また、人類のcommunicationの歴史も、oral communicationからwritten communicationへと進んできた。

役割と機能を考えれば、oral communicationは1次的（直接的）、written communicationは2次的（間接的）なcommunicationといえる。したがって、人間が原初的な（primitive）社会生活を送るうえではoral communication、つまり「聴・話」さえできればよく、文字は読めなくても書けなくても支障とはならない。実際に、世界には現在でも約13％の成人非識字者が存在するといわれる。また、たとえ非識字者でなくても、日常生活において事実上oral communicationのみで生活している人も少なくないであろう（実際、そのような人は私の周囲にもいる）。

したがって、言語能力（技能）の必要度はどんな言語であれ、聴→話→読→書の順になっているし、母国語として習得していく順もそのようになっているのである。

本書が対象とするのは、「論文を英語で書こうとする」理系の読者である。

論文を英語で書こうとするくらいだから、本書の読者には基礎的な（中学・高校で習う程度の）英語力が備わっていることを前提としている。したがって、本書は英語の

「入門書」ではない。まず、このことをはっきりさせておきたい。

　本書が想定する理系の読者に求められるのは、「理系の英文を正確に読める能力（読力）」と「理系の英文を正確に書ける能力（書力）」であり、本書の目的も、それらの能力をいかに高めるか、ということに絞られる。「話力・聴力」は「読力・書力」に依存するが、「話力・聴力」を高めるには「読力・書力」を高めるのとは異なる訓練、努力を必要とする。本書では、「話力・聴力」の直接的強化法については触れない。それらに興味がある読者は、巻末に掲げる拙著6、7などを読んでいただきたい。

●英文法の知識が役に立つ、英文法の知識を役立てる！

　特に"理系英語"において、「英文を正確に読む」、そして「英文を正確に書く」ために決定的に重要なのが「文法力」である。したがって、本書では、「実戦的英文法」を中心に話を進める。ここで重要なのは、あくまでも「実戦的」な英文法であることである。

　"英文法"と聞いて誰の頭にも浮かぶのは、分厚い「英文法書」であり、あの「学校英語」で理屈抜きに丸暗記させられた無味乾燥な"受験用英文法"だろう。そのような文法に対する強烈な「アレルギー」のためか、「文法など不要である」「文法などにこだわっているから英語が上達しないのだ」「ブロークン・イングリッシュでいいじゃないか」というような論調、声をしばしば耳にする。その「声」の主が、英語の「専門家」あるいは「教育者」だっ

たりすれば、「ああ、よかった」と胸をなでおろす「英語学習者」も少なくないだろう。

しかし、たとえば

Company make computer.

という英文（じつは"英文"になっていない）からは、どのような「会社」が、どのような「コンピューター」を「作る」のか、あるいは「作った」のか、はたまた「作ろうとしている」のか、「作りたい」のかなど、本質的な内容がさっぱりわからない。また、その「コンピューター」が1台なのか2台なのか、1万台なのかもわからない。つまり、文法を無視して単語を並べただけでは、必要な情報を伝えることがまったくできないのである。

私は強調したい。"理系英語"の使命——主張すべき科学的・技術的内容を、正確に明瞭に伝えること——を考えるならば、英文法は決定的に重要である。

しかし、いまわれわれが念頭に置く"理系英語"において、あの分厚い英文法書に書かれているすべての文法知識が必要なのかといえば、決してそのようなことはない。"理系英語"に必要な最低限の要点だけを身につければ十分なのだ。そしてその際、われわれが中学・高校を通じてみっちりと叩き込まれた英文法の知識が、確かに役立つのである。そのことを私は、英語を母国語としないさまざまな国の研究者・留学生たちとの交流を通じて、体験的に実感してきた。日本における「学校英語」が、この点におい

ては強みを発揮するのである。

　本書は、"理系英語"のための必要最低限の英文法を簡潔にまとめ、実戦的かつ具体的な例文を通して"理系のための英文法"に習熟すること、ひいては、国際的に通じる「英文を正確に読める能力（読力）」と「英文を正確に書ける能力（書力）」を習得することを目的として書かれたものである。

　そのための補助として、すべての例文を原則として"理系の英文"にしている。ひたすら"理系の英文"を正確に読み、"理系の英文"を正確に書けるようになることを目指す本書の構成は、第3章で明らかになるように、従来の英文法書のそれとはまったく異なる。

　読者にお願いがある。

　本書の構成上、一度だけの読破ではなく、必ず二度、三度と読み直していただきたいのである。一度最後まで読みきってから再読することで、本書の内容に対する読者の理解度が指数関数的に深まるからである。

　なお、本書では、英単語の意味をしばしば「英英辞典」から引用するが、その「英英辞典」は多くの場合、私が高校時代後期から愛用している A. S. Hornby: *Oxford Advanced Learner's Dictionary of Current English*（以下 *Hornby*）である。

理系のための
「実戦英語力」習得法

Chapter 1

日本人と英語
── 上達するために知っておくべき
「日本人ならでは」の長所と短所

1.1 「理系英語」をなぜ学ぶか

●「本当に必要な人」にだけ身につく能力

　日本人はいま、小学校・中学校の「義務教育」の中で英語を学習する。つまり、英語学習は日本人の「義務」とされているのである。現在、90％以上の日本人は高校に進学するから、ほとんどの日本人はさらに３年間、ほぼ必修として英語を勉強することになる。大学に進学する日本人の多くは、さらに少なくとも２年間、英語を学習する。私は、本書の読者を十数年以上の英語学習経験者であろうと想定している。

　もうだいぶ以前から「いまや国際化時代なのだから、日本人も国際共通語である英語ができなくては困る」というようなことが、まことしやかに語られている。この「まことしやかさ」が、英語教育が義務とされる後ろ盾なのだろうか。

　確かに、資源や食糧をはじめ、何かと外国に頼らなければならない日本の国情を考えれば、日本は好むと好まざるとにかかわらず「国際的」にならざるを得ない。そのためにも、日本人は国際共通語である英語ができなくては困る、また、「国際交流」のためにも「英語ができる」必要がある、というのである。

　しかし、日本で暮らす一般的な日本人にとって、本当に英語能力は必要であろうか。日本人は「英語ができない」

Chapter 1
日本人と英語

と本当に困るのか。

　文科省をはじめ、英語教育に一所懸命になっている人たちにはとても申し上げにくいのではあるが、私はそうは思わない。

　もちろん、英語ができれば便利なことや楽しいことがあるのは事実だが、日本人が日本国内で生活している限り、英語ができなくて本当に困ることはまずないだろう。母国語である日本語さえまともにできれば（最近では、日本語さえまともにできなくても）、一般的な日本人が一般的な社会生活を送るうえで、英語ができる必要性はまったくない。少なくとも、私自身の日本における"一般的な社会生活"において、英語ができる必要は皆無であるし、私の周囲に数多くいる"英語ができない日本人"が一般的な社会生活を送るうえで困っている姿を見たことがない。そして、彼ら"英語ができない日本人"は、十分に立派な社会生活を送っている。読者の周囲に、英語ができなくて本当に困っている人はいますか？

　結論として、私は文科省がいうように「21世紀を生き抜くためには、国際的共通語としての英語のコミュニケーション能力を身につけることが不可欠」とは、決して考えていない。

　にもかかわらず、日本人の「英語熱」は決して低いものではない。そのような日本人に対して、水を差すようで申し訳ないが「本当に必要ではないモノ、なくても困らないモノは得にくい」ということをここで強調しておきたいと思う。

●科学者・技術者にとっての英語とは?

近年、日本で開かれる国際会議がさまざまな分野で増えている。私が知る分野だけでも、毎年20〜30に及ぶ、大小の国際会議が開かれているのではないかと思う。ふだんお世話になっている大学病院の医師の話では、医学・医療分野でも近年、日本で開かれる国際会議が増加しているそうである。他の科学・技術分野でも同様であろう。このことは、日本の科学・技術のlevelの向上や、国際的に活躍する日本人研究者数の拡大を反映するものであるに違いない。

私が10年余の研究生活を送ったアメリカでも、毎年多くの学術的な会議(学会)が開かれていたし、現在もよりいっそうの会議が開かれているのだが、「国際(international)」と銘打つ会議は、日本のそれよりもずっと少ない。アメリカで開かれる学会に「国内(domestic)」あるいは「国際(international)」という"冠"がつけられることは少ないが、それらへの参加者はつねに"国際的"である。単純に考えれば、日本で開かれる学会に「国際」か「国内」かの"冠"をつけねばならない理由の一つは、その会議における公用語が「英語」なのか「日本語」なのかを示すことにあるのだろう。

理系、文系を問わず、「国際」が冠せられる会議の使用言語は英語である。

つまり、会議の開催地が日本であれ外国であれ、国際的な場で口頭発表を行おうとすれば、否応なく「国際共通

語」である英語を使わなければならない。

　自分の研究や仕事の成果を文書で、つまり論文として発表しようとする場合はどうか。

　いうまでもないことだが、論文を日本語で書けば、その論文を読んでくれるのは日本語が理解できる人に限られる。もちろん、対象とする場を日本、あるいは対象とする読者を日本語がわかる人に限定するのであれば、それでかまわない。また、自分の研究や仕事の成果が日本の地域的 level にとどまるのであれば、論文発表は日本語でかまわない。

　しかし、国際的 level の成果を世界に向けて発信するためには、どうしても英語で書かなければならないのである。しかも、その英語は受験用の学校英語とは異なる「実戦的英語」であることが求められる。これは、英語が「外国語」である日本人にとっては決して小さくない負担ではあるが、英語が「国際共通語」である限り、避けるわけにはいかない。

　どんなに優れた内容の論文であっても、それが国際共通語である英語で、しかも国際的に通用する英語で書かれなければ、国際的 level で読まれることも、評価されることもない。この冷たい現実を、すべての理系人が受け容れる必要がある。事実、その論文が日本語で書かれたばっかりに、国際的 level の大きな栄誉を逃した例は少なくないのである。

●ノーベル賞を逃した日本語論文

　超一流の研究成果が日本語で書かれたためにノーベル賞を逃したのではないかと思われるフラーレン（fullerene）の発見に関する実例を示し、国際共通語である英語で発信することの重要性を喚起したい。

　フラーレンは、C_{60}と表記される炭素原子60個で構成される物質であるが、その衝撃的デビューは、*Nature*（1985年11月14日号）に掲載されたイギリスのクロトー（Kroto）、アメリカのスモーリー（Smalley）らによる論文だった。彼らは、60個の炭素原子だけで構成されるC_{60}を「発見」したのであるが、それを直接見たわけではなく、質量分析の結果、「60個の炭素原子から成る分子の存在を確認した」のである。このC_{60}の立体構造を決定するまでの過程にはとても面白いドラマがあるのだが、それについて興味のある読者は、拙著『ハイテク・ダイヤモンド』（講談社ブルーバックス、1995）をお読みいただきたい。

　結論として彼らは、正五角形12面、正六角形20面から成る32面体（頂点の数がちょうど60個）を提案した。この32面体は正五角形12枚、正六角形20枚の革片を張り合わせて作ったサッカーボールとまったく同じ形状であり、前掲の論文には、実際のサッカーボールの写真が掲載されている。結局、クロトー、スモーリーにカール（Curl）を加えた3人は、このフラーレンの「発見」の功績によって1996年のノーベル化学賞を受賞した。

　1995年に出版した前掲の『ハイテク・ダイヤモンド』

を、「私は、近い将来、フラーレンの分野からノーベル賞受賞者が出るであろうことを疑わない。その中には、必ずや飯島澄男も含まれるだろう」という言葉で結んでいた。事実、私が思っていた"近い将来"以上に早い翌1996年にフラーレンの発見にノーベル化学賞が与えられたのだが、そこに、飯島澄男が含まれていなかったことは予想外のことだった。ちなみに、飯島澄男はフラーレンの"仲間"であり、フラーレンとは比べものにならないほど幅広い応用分野をもち、すでに広範囲に実用化されているカーボンナノチューブ（carbon nanotube: CNT）を電子顕微鏡で発見した人物である。

　さて、ここでの本論である。

　じつは、この C_{60} の存在も構造も、クロトーらの「発見」より15年も前の1970年に、日本人によってはっきりと予言されていたのである。予言者は当時、アメリカ留学から帰国したばかりで北海道大学にいた大澤映二である。大澤は『化学』1970年9月号に「……手もとにサッカーボールがあれば手にとってながめていただくとはっきりするが、五角形……の間には規則正しく六角形がうずまっている。……もしこれらの頂点を全部 sp^2 炭素で置き換えることができれば球面状共役が実現できないだろうか？」と述べている。

　まったく残念なことに、この論文は日本語で書かれていたため、 C_{60} の「発見者」となったクロトー、スモーリーらは1985年当時、この大澤の記述を知るよしもなかった。もし、大澤の予言が英語で書かれていたなら、大澤が

1996年のノーベル化学賞受賞者の一人になっていたことは間違いない。

読者のみなさんも、自身の論文は必ず世界に通用する英語で書き、ノーベル賞のような大きな栄誉を逃すことがないようにしていただきたい。

もう一度、強調しておきたい。

理系に限らず、どんな分野であれ、自分の仕事（研究）を国際的levelでappealしたければ、国際的に通用する英語を使わなければならない。また、国際的levelの科学・技術の情報を得るためには、英語を正確に読めなければならない。もちろん、最近は海外の情報が日本語に翻訳されることが少なくないが、後述するように、日本語と英語は互いにかなり異なる言語であり、翻訳には限界がある。私の実体験からいっても、英語で書かれた文献は、その正確な意味を理解するために必ず直接、英語で読むべきである。

本章の冒頭で、一般的な日本人にとって英語は必要不可欠なものではない、と書いた。理系の人にとっても同様で、自身の活動の場を日本国内のみに限定し、また、自身の仕事（研究）の成果をappealする対象を日本人、および日本語が理解できる外国人のみに限るのであれば、英語は不要である。日本語をまともに使えさえすれば事足りる。

ちょっと大げさにいえば、自らの仕事の対象を人類にとって普遍的な科学や技術とする理系の人間が、国際語である英語を使って、自身の仕事（研究）の成果を世界に向か

ってappealするのは使命である。また、純粋に個人的に考えてみても、世界を相手にしなければ面白くないだろう（私自身、英語で論文を書き始めた理由も、じつはその点にあった）。だから、理系人は特に、世界に通用する英語力を身につけるための努力をしなければならないのである。

1.2 「日本人ならでは」の英語

▶日本文化の弊害を知っておく

われわれは英語を、communicationのための道具として習得しようとしている。その目的は明確であり、人類にとって普遍的な価値をもつ科学・技術を、言語の壁を乗り越えて、世界中の人々に知らしめ、また知るためのcommunicationである。そのために用いる道具は美術品とは異なり、飾り物ではない。実際に使えなければ意味がない。

われわれが英語を使ってcommunicateしようとする相手は、いうまでもなく外国人である。言葉というものが文化の一部であることを思うと、外国人とcommunicateするうえで、日本独特の文化・伝統がもたらし得る弊害を考えずにはいられない。

たとえば、日本の鋸（のこぎり）は引くときに切れるし、アメリカの鋸は押すときに切れるようにできている。私自身、アメ

リカで経験したことであるが、日本の鋸に慣れた者にとってアメリカの鋸は使いにくい。アメリカの鋸を日本式に使ってもまったく切れないことはないが、効率がきわめて悪いのである。アメリカの鋸を効率よく使いこなすためには、やはりその使い方を知っていたほうがよい。この使い方こそ、"文化"である。

英語という communication のための道具を上手に使いこなすためには、その使い方、つまり欧米（英語圏）の文化を知ること、そして日本の文化との違い、はっきりいえば、日本の文化・伝統の弊害を認識しておくことが必要である。

相手が誰であれ、欧米人との科学的・技術的な議論はいうまでもなく、単なる雑談のときでさえ、"自分自身の考え"をはっきりと述べなければ "share or exchange knowledge" である communication は成り立たない。日本人は一般に、英語力の handicap に加え、自分自身の考えを主張するような"文化"をもっていないことが欧米人、特にアメリカ人との communication を困難にしている（志村史夫『体験的・日米摩擦の文化論』丸善ライブラリー、1992）。

確かに、アメリカのように何ごとにも多弁を弄し、つねに自己主張しないとやっていけないような社会で長年暮らすと、日本の"謙譲の美徳"や"沈黙は金"とする文化が懐かしく、いいものだなあと思う。しかし、日本人の沈黙や謙譲の"美徳"は、まことに残念ながら、欧米人との communication の場合には大きな障害になってしまうの

である。

　本書の読者は、外国人、特に欧米人とのcommunicationの道具としての英語を習得しようとしているのであるから、好むと好まざるとにかかわらず（多分、好まないであろうとは思うが）、ときには日本の文化や伝統からの脱却が必要であることに留意していただきたい。少なくとも、それらが大きな障害になり得ることを知っておくことがきわめて重要であることを理解していただきたい。私は何も、「日本人」を捨てろといっているわけではない。英語をより効果的に使えるようになるために、「郷に入れば郷に従え（When in Rome, do as the Romans do）」といっているのである。

▶カタカナ英語の弊害とは？

　ここで、「カタカナ英語」の弊害について付言しておきたい。

　カタカナ（片仮名）は、日本人の偉大な発明の一つである。カタカナを外来語に使うことによって日本語の幅が拡がり、日常生活に便利さを与えている。外来語であろうと欧米人の名前であろうと、すべて漢字で表記しなければならない中国語と比べれば、カタカナを導入した日本語の便利さは歴然である。

　また、カタカナ書きの日本語（後述するように、外来語とはいえ、カタカナ書きされた時点で日本語になる）は"ファッション"の一つでもあるようで、商品名（自動車の場合、その名前は100％カタカナである）や新聞広告な

どを見れば、カタカナ外来語、カタカナ造語、カタカナ新語の氾濫ぶりはすさまじい。評論家や文筆家といわれる人の中にも"カタカナ・ファッション"好きが少なくないようで、「個人主義」「全体主義」「摩擦」「不利」といったまともな日本語があるにもかかわらず、それぞれ「インディヴィデュアリズム」「トータリテリアニズム」「フリクション」「ディスアドバンテージ」というカタカナ語を使いたがる人たちがいる。昨今はやりの、「〜ファースト」もしかりだ。

このような人たちが、まともな日本語を知らないとは考えにくいので、私には、このような人たちの料簡が理解できない。英単語をたくさん知っているということを誇示したいのだろうか。一般に、日本人には「英語」に対する憧れがあるようなので、そのように誇示したい気持ちも理解できないことではないが。

結論をいえば、どこの誰がどれだけカタカナ語を多用しようが、それはその人の趣味や持ち味（？）、あるいは"ファッション"（私にはきわめて幼稚に思えるが）であろうから一向にかまわない。しかし、真の英語を習得しようとする者にとって、そのようなカタカナ語は大きな害である。じつは、カタカナ語は英語ではなく、れっきとした日本語であるにもかかわらず、英語と誤解されがちだから厄介なのである。特に、正確さを要求される理系英語において、それはなおさらだ。

カタカナ日本語の中で、特に厄介で困るのは、いわゆる「和製英語」である。ナイター、自動車のハンドル、フロ

ントガラス、バックミラー、電子レンジなどなど、例を挙げればキリがない。もちろん、これらはどれも、英語としてはまったく通じない。

枚挙にいとまがない「和製英語」の中で、私が笑える最たるものは「ターミナルホテル（terminal hotel）」である。"terminal" の意味は "the point or place at the end" の意味であり、"terminal ward = the place (in the hospital) for persons who cannot be cured and must die soon" という言葉がある。"terminal hotel" を正しい英語として理解すれば、"the hotel for persons who cannot be cured and must die soon" ということになる。全国に少なからず存在する「ターミナルホテル」はまさか、そういう意味ではないだろう。

日本の mass media に氾濫している和製英語がほんものの英語とどれだけかけ離れたものであるか、『和製英語正誤事典』（松本安弘・松本アイリン、北星堂書店、1988）などでじっくり勉強してみるのも、英語上達に大いに役立つだろう。

もう一度、強調しておきたい。

カタカナ日本語（似非英語）は、ファッション文筆家やファッション業界には大いに利があるのかもしれないが、真の英語を習得しようとする者にとっては「百害あって一利なし」である。

だから本書では、完全に日本語化している固有名詞や外来語を除き、意識的にカタカナ日本語を使わないようにしている。正直にいえば、現代日本語としては、カタカナ日

本語を使わないのは非常に不便であり、不自然でもあるのだが、本書においては原則としてカタカナ日本語を使わない方針を貫くことにする。

余談だが、私はルー大柴さんの日本語と英語を融合した「笑うゲートに福カミング」「縁の下のマッスルマン」「ネイルの垢を煎じてドリンク」「藪からスティック」「あうんのブレス（breath：呼吸）」などの「ルー語」が好きで、同じく「ルー語」が好きな親しい友人と「それは"目からスケール（scale：鱗）"だ」などと言い合って喜んでいる。原則的に「カタカナ日本語」を否定する私ではあるが、「ルー語」は別格としたい。

▶理系英語に「謙譲」は不要

在米中、私は何度か、応用物理系の学術誌（*Journal of Applied Physics*、*Applied Physics Letters*、*Journal of The Electrochemical Society* など）や国際会議の投稿論文の査読者（referee、reviewer）を務めたことがある。その経験から、日本人が外国語として習得した英語、つまり"日本人の英語"には、日本人ならではの共通の特徴、はっきりいえば誤りがあることに気づいた。

その根源は、大きく3つに分類できる。①文化・習慣の違い、②日本語と英語の構造の違い、そして、③日本語と英語の文法の違い、である。カタカナ・和製英語をそのまま「英語」にしてしまうような誤りは論外。②、③については後述するとして、ここでは①に関する主なものについて述べる。

Chapter 1
日本人と英語

　理系英語、特に論文を書く場合に大きな弊害になるのは、日本人の"謙譲の精神"である。日本国内の社会生活において、謙譲の精神が重要な場面は多いが、少なくともアメリカのような移民国家における生活ではメリットは少ない。特に、理系英語においてはまったくの"害"であり、結果的に、意図する内容を正しく伝えられないことになってしまう。たとえば、日本人（の謙譲の精神）がしばしば使う英語表現に、

　　〜 may be possible
　　〜 seems that ... could be possible
　　〜 is supposed ... in some cases

というものがある。
　これらはいずれも、"断定"を避けた「〜ということが可能かもしれない」「〜ということがあり得るかもしれない」という"謙遜"表現なのだろう。また、日本語であれば、たとえ"理系の文"中にあっても、特別に気になる表現ではないかもしれない。
　しかし、英語においては、これでは通用しないのである。このように"可能性"を示す単語（助動詞や動詞）や表現を重ねる（これを"double hedging"という）のは、日本人にとっては謙遜の"美徳"であっても、残念ながら、欧米人はそのようには理解してくれない。彼らにしてみれば、まじめに討論や議論をする気をなくさせるほどにあいまいな、自信のない主張と受け取られてしまうのだ。

その論文の著者にとって、本当にそのようなdouble hedgingを必要とするほど自信がもてない内容であるのならば、その論文は公表するには時期尚早であると考えるべきである。さらなる実験や検討を積み重ねたうえで、自信をもって成果を主張できる論文としてまとめるべきなのだ。日本人には酷な言い方かもしれないが、そのように考えるのが国際的な科学・技術の世界における常識である。

もちろん私は、あくまで"可能性"にすぎない段階にあることまで"断定"すべきだといっているわけではない。そのような断定は科学・技術における不見識であり、不徳でもある（研究者としてはまことに破廉恥なことではあるが、最近はそのような"不徳の研究者"がしばしばmass mediaを賑わせている）。要は、日本人の感覚、日本語ならではの語調による不必要な"謙遜"はすべきではないということである。理系英語においてそれは、まさしく百害あって一利なしなのだ。

●文化や生活習慣の違いが生む「語彙の違い」

文化・風土・生活習慣の違いの影響を受けない、いや、受けてはいけないのが"理系英語"なのであるが、これらの違いが日本語と英語の語彙（vocabulary）に大きな差を生じさせることが少なくない。

たとえば、海藻を食べる習慣をもつ日本人が使う日本語には、ノリ（laver）、ワカメ（*wakame*）、コンブ（tangle, *kombu*）、ヒジキ（brown alga）、モズク（？）……など、それらを互いに区別する語彙が多い。われわれにとって、

それらを区別する必要があるからである。ところが、一応（　）に示した英語、あるいは日本語からの"外来語"は存在するものの（モズクにはラテン語の専門用語しか見当たらない）、日常的な英語ではすべてが"seaweed（海の雑草）"で一括りにされてしまうのだ。一般に、欧米人には海藻を食べる習慣がないので、すべて"海草"で十分なのである。

　アメリカで暮らしていた頃、私は、自分が好きなノリやワカメ、コンブ、ヒジキなどの海藻をアメリカ人に説明するのに苦労した。1つの単語では対応できないため、文章や図で説明するほかないのである。近年、日本の寿司がアメリカ人に人気が高いので、一般のアメリカ人にもノリは"*nori*"で通用すると思うが、ワカメやコンブ、ヒジキ、モズクなどは難しい。

　一方、対照的なのが"肉"に関する日本語と英語の語彙の違いである。

　歴史的に見て、農耕民族で、長らく肉を食べる習慣をもたなかった一般的日本人の語彙としては、「肉」1語で十分だった。ところが、肉を日常的に食べる習慣をもつ狩猟民族の欧米人には、日本人が海藻を区別する必要があるのと同様、さまざまな肉を区別する必要があった。そのため、英語は肉に関する語彙が豊富である。

　まず、一般的な「肉」を意味する flesh（= soft substance, esp. muscle, between the skin and bones of animal bodies）と、食べる（食べてもよい）「肉」を意味する meat（= flesh of animals used as food, excluding fish and birds)が厳然と区別される。meatは要するに、魚と鳥を除いた「食用肉」である。

　もし「肉＝meat」と短絡的に憶えている日本人が、たとえば踏切で鉄道の人身事故を目撃して、「事故現場に被害者の肉が飛び散っていた」のような日本語を英訳する場合に、"meat"を使ってしまったら大変なことになる。英語を母国語とする人たちには、その日本人は"人食い人種"なのかと思われるだろう。

　ちなみに"人食い人種"は、英語でcannibal（＝ person who eats human flesh）である。fleshは、緊急事態を除き、食べてはいけない肉であり、食べるための肉であるmeatに対しては、さまざまな肉の種類に応じて個々の単語が用意されている。前述のように、meatには魚肉と鳥肉は含まれない。日本語と英語の"肉"に関わる単語をまとめると、以下のようになる。

日本語	英語
肉	flesh
	meat……beef（牛肉）
	veal（子牛の肉）
	pork（豚肉）
	boar（猪肉）
	mutton（羊肉）
	lamb（子羊の肉）
	venison（鹿肉）

chicken（鶏肉）
turkey（七面鳥の肉）
fish（魚肉）

　この表を見ると、「肉を食べるか／食べないか」という食文化の違いが、関連する語彙にいかに大きな影響を与えているかが歴然とする。

　ところで、「馬肉」に対してはbeef（牛肉）やpork（豚肉）のような独立した単語がない。一般的なイギリス人やアメリカ人のEnglish nativeは馬肉を食べない（少なくとも私は、アメリカで馬肉が売られているのを見たことがない）ので、馬肉は "meat" に入れられていないのだ。英語では、「馬肉」は一般にhorseflesh（通常は1語）と表現される。一般的な食材として馬肉を食べている国、たとえばフランス語圏やオーストリア、イタリア、日本（私は食べない）などでは "horsemeat" があり得るが、伝統的な英語では "horseflesh" なのである。

　ここで、「鯨肉」はmeatなのかfleshなのか、興味をもつ日本人は少なくないのではなかろうか。私は小さい頃、トンカツの替わりのクジラカツに大いに世話になったし、いまでもクジラのベーコンや大和煮が好きなので、「鯨肉」がmeatなのかfleshなのかについては大いに興味がある。

　近年、日本の捕鯨業はイギリスやアメリカから激しく非難・攻撃されているが、じつは英語で鯨肉はwhale meatであり、立派に "meat (= flesh of animals used as food)"

の仲間として扱われているのだ！

　イギリスやアメリカが、日本などの捕鯨国を非難する際に挙げているいくつかの「論拠」の中の「科学的調査」結果には、とても説得力があるようには思えない。私が捕鯨やイルカの捕獲に反対するアメリカ人から聞いた話によれば、結局のところ、彼らがいうのは「これらの動物は他の動物よりも高い知能をもっているから」とか「かわいそうだから」「野生動物だから」などの「非科学的」なことである。こんなとき、私はいつも彼らに「ちょっと待ってくれよ、狩猟民族の欧米人は昔から牛や豚を大量に殺して、その肉を食べているではないか。鹿狩りを趣味として、得意になって獲物の頭を壁に飾っているではないか。趣味のために平気で鹿を撃ち殺し、その肉を食べているような連中が『鯨やイルカを殺すのはかわいそう、彼らを守れ！』などというのは笑止千万だ。冗談はやめてくれ！」といっていた。

　歴史的に見れば、イギリスやアメリカもかつては捕鯨大国であったことがはっきりしている。彼らの捕鯨業における主な商品が鯨肉ではなく、鯨油であったとはいえ、「鯨肉」の英語が "whale flesh" ではなく "whale meat" であるということは、現在はともかく、ある時点までは彼らも鯨肉を食していたことを否定できまい。

　余談ながら、「緊急事態を除き、食べてはいけない flesh」を食べた事件（事故）として、いまでも私の記憶にはっきりと残っているのは、ドキュメンタリー映画「アンデスの聖餐」（1975年、ブラジル制作）をはじめ幾度も

映画化された、1972年10月に起こった航空機遭難事故のことである。

大学のラグビー選手団など乗客40名と乗員5名を乗せ、チリに向かったウルグアイ空軍機が天候悪化と管制官の指示ミスによって標高4000メートル級のアンデス山脈に墜落した。遭難した乗員乗客45名のうち16名が生き延び、72日後に救助されたのであるが、生き延びた16名は、死亡した仲間の肉（flesh）を食べることによって飢えをしのいだのである。

日本人は「家畜」に関する語彙についても注意が必要である。たとえば、私は中学時代、「牛 = cow（雌牛）、ox（雄牛）」と憶えたが、アメリカへ行ってから、「牛」に関する英単語がたくさんあることを知って驚いた。「牛」の総称は cattle（通例複数扱いの集合名詞）であるが、「牛」に相当する英単語の一例を以下に示す。これらのうち、bullock、heifer、steer は、私がアメリカで初めて知った単語である。

bull	:	（去勢していない成長した）雄牛
bullock	:	（4歳以下の）雄牛
calf	:	子牛
cow	:	雌牛、乳牛
ox	:	（食用・荷役用の去勢した）雄牛
heifer	:	（3歳未満の、まだ子を産んでいない）若い雌牛
steer	:	（食肉用に去勢された）雄の子牛

牛が重要な家畜であり、その肉を食べる習慣がある欧米人は、一般的な肉の場合と同様にさまざまな牛をきちんと区別する必要があるのだ。

●有機物を扱う医学や生物ジャンルで注意すべきこと

同じ理系であっても、私が従事したのは物理や応用物理、工学といった"無機的分野"だったので、「英語」そのものに「文化」の影響を受けることは皆無であったが、医学（特に獣医学）、生物学などの"有機的分野"においては、文化や宗教の違いを意識しなければならないことが少なくないと考えられる。

文化・習慣の違いによって生じる、ある共通の言葉に対する image gap が、日本人と欧米人の間に思わぬ誤解を招くことがある。

たとえば、「サクラ（桜）」は英語では "cherry" である。

日本人がサクラという言葉を聞いてすぐに image するのは、「花は桜木、人は武士」といわれるように、日本の春の象徴である満開のサクラの花であろう。古来、日本の詩歌や俳句、小説に登場するサクラの花は数知れない。日本人がサクラを愛するのはまず、新年度のはじまりにふさわしい満開の花の美しさである。そして、パッと咲いてパッと散る、散り際の潔さと美しさであろう。日本人は、サクラの花に、人生の華やかさとはかなさを感じとる。

ところが、欧米人が "cherry" と聞いて真っ先に思い浮かべるのは、赤くツヤツヤしたサクランボのことで、それは陽気で楽しい気分をかき立ててくれるものである。もち

ろん、"cherry" に「人生のはかなさ」を感じる人はいない。

もう 30 年以上前のことであるが、私がアメリカで暮らしていた頃、ある国際会議がワシントン（Washington D.C.）で開かれた。時を同じくして、当時の桜内義雄外務大臣がワシントンを訪れた。ちょうどそのとき、ポトマック（Potomac）河畔のサクラが満開だったこともあり、桜内大臣は "I am a cherry." といって、アメリカ人記者たち（そして、国際会議に欧米から集まった私の友人たち）の失笑を買った。

私が想像するに、桜内大臣は自分の名前の「桜内」に日本人的なサクラの image を直訳して cherry を使ったのだろう。あるいは、じつは桜内大臣は英語の達人であり、slang の "cherry" がもつ「処女、未熟者、青二才」という意味を熟知したうえでの「私は青二才の未熟者です」という意味の "I am a cherry." だったのかもしれない。だとすれば、私が感じた失笑は桜内大臣に対して取り返しがつかないほど失礼な話であり、実際は、賞賛の笑いだったのかもしれない。

ところで、日本の外務省、外務大臣はそれぞれ、英語では The Ministry of Foreign Affairs、The Minister of Foreign Affairs と表記する。アメリカにはこれに対応する外務省が存在せず、したがって外務大臣がいないことをご存じだろうか。

アメリカの政府機関で、明らかに外務省の役割を果たしているのは国務省（The Department of State）であり、

外務大臣に相当するのは The Secretary of State である。ここでの "state" は「国、州」の意味であるから、アメリカ（人）にとっては「国務（アメリカの諸々の業務）」が即「外務（外国に関する政務、外国との交渉・折衝・交易などに関する事務）」ということである。渡米した頃、私はこの事実を知り、「さすがは世界の中心、世界の警察を自負するアメリカだなあ」と感心したり呆れたりしたことを懐かしく思い出す。

▶英和辞典は捨てなさい──「英英辞典」を活用せよ

　外国語を学習するときに必要不可欠なのが、母国語と外国語との橋渡しをしてくれる辞典である。日本語と英語の場合でいえば、「英和辞典」と「和英辞典」がこれにあたる。日本人が外国語としての英語を学ぶうえで、これらの辞典が果たす役割、「功」の大きさについてはいうまでもない。とりわけ、"机上の英語" や "受験英語"、あるいは "ファッション英語" を学ぶ場合には、これらの辞典は絶対的ですらある。

　しかし、実際に欧米人との communication のための道具であることを前提とした "実戦的英語" を学ぶうえでは、これらの辞典が不可避的に有する「罪」をつねに念頭に置いておかなければならない。私の実体験からもいえることだが、実際に英語圏（私の場合はアメリカ）で生活すると、和英辞典で得た英語が欧米人の自然な英語（native English）からかけ離れていたり、英和辞典で得た日本語が native English の意味とは異なることがしばしばある

Chapter 1
日本人と英語

からである。

　たとえば、理系英語でひんぱんに使われる「示す」という日本語に相当する英語を和英辞典で調べてみると、show、display、reveal、exhibit、manifest、indicate、depict などの単語に行き当たる。これだけの候補（類語）の中から、自分が考える「示す」に適した単語がどれであるのかを知ることは容易ではない。「和英辞典」から得られる英単語を安易に用いれば、自分の意図がまったく伝わらないことすらあり得る。これら類語の意味の違いを知るには、「英英辞典」や「類語辞典（thesaurus）」が必要不可欠である。

　以下は、アメリカにおける私の実体験である。

　ある年の夏、半導体結晶に関する国際会議がコロラド（Colorado）で開かれた際に、黒っぽい岩がゴツゴツと折り重なった岩山へ、アメリカの友人と遊びに行った。その友人はその場所を、"desert" とよんだ。しかし、私が愛用していた英和辞典には、「desert = 荒野、砂漠」と書かれていたし、和英辞典には「砂漠 = desert」と書かれていたので、その岩山の光景と "desert" という英単語とはまったく結びつかず、私は違和感を覚えた。私の頭の中で（というより、英和辞典と和英辞典によって）"desert" から image されるのは、一面の砂原であり、荒野だったからである。

　"砂漠" はまた、国語辞典に「大陸の中にあって、雨量が乏しく植物が育たず、一面の砂原になっている土地」などと書かれている。繰り返していえば、「日本語の辞典」的

には、コロラドの岩山と"desert"がどうしても結びつかないのである。しかし、アメリカ人、つまり英語のnative speakerが目の前の岩山を"desert"とよんだのは事実であり、英語を母国語とする彼が間違った英語を使うはずはない！

英英辞典で"desert"を調べてみて、ようやく合点がいった。私が高校時代後期から愛用している *Hornby* には、"(large area of) barren land, waterless and treeless, often sand-covered"と書かれていた。つまり、"desert"の定義は「水や木がない荒地」なのであり、「砂で被われた」は補足的な事柄にすぎないのである。私がコロラドで見た岩だらけの荒地、岩山は、まさしく"desert"そのものだったのだ。やはり、アメリカ人の使い方は間違っていなかった！

なお、『ランダムハウス英和大辞典』（小学館）のような大きな英和辞典には、"desert"がかなり正確に説明されている。いずれにせよ、言葉の正確な意味を知るには、手軽な（handy）小辞典ではなく、大きな辞典で調べる必要がある。その意味においても、私は、英語の初心者が片手で簡単にもてるような"小さな（handyあるいはconcise）"辞典（電子辞書も含む）を使うことに反対である。そのような辞典は、英語がかなりできるようになってから、ふと忘れた単語の意味を知りたいと思うような場合にのみ用いるべきである。

思い起こせば、私が中学校で初めて英語を勉強し始めたときに、学校の先生に紹介されたのは"小さな（concise)"英和辞典だった。私が大学で英語を教えていたときですら多くの学生がもっていたのが電子辞書だったことを思えば、いまでは、ほとんどの生徒・学生が電子辞書を使っているのだろう。断っておくが、私は電子辞書そのものを否定しているのではない（じつは、私もふだんはhandyで、多くの辞典・事典が内蔵されている電子辞書を愛用している）。

　私が強調したいのは、英語の初心者が、片手で簡単にもてるような小さな（電子辞書も含む）英和辞典を使ってはいけないということである。

　日本人が欧米人とcommunicateするための英語を学ぶ際に、最も基本的かつ効果的なのは、英英辞典を活用することである。日本語と英語との食い違いや誤解は、英英辞典をたんねんに読むことでかなりの程度、避けられる。原則として、英和辞典は使わないことである。はっきりいえば、英和辞典に頼っている限り、実戦的英語力の上達は望めないと私は思っている。

　英和辞典は、あくまでも「英語の単語に相当する日本語の単語」を示すものであり、「英語の単語の意味」を説明するものではない。英語の単語の本当の意味を理解するためには、意味を説明している英語の「国語辞典」、すなわち英英辞典を読まなければならない。われわれ日本人がふだん、知らない日本語の意味を国語辞典で知ろうとするのとまったく同じことである。

　たとえば、"swing"という動詞を手元にある小型の英和辞典で調べてみると、「揺れる、ぶらぶらする」という日

本語が示されている。「揺れる」ことはわかるが、これだけでは、"どのようなもの"が"どのように"揺れるのかが皆目わからない。自分自身の経験や自然現象から、一口に「揺れる」といっても、地震の揺れや振り子の揺れ、貧乏ゆすり、心の揺れ……など、たくさんの「揺れ」があることが思い起こされるだろう。

*Hornby*で"swing"を調べてみると、"(of something having one end or one side fixed and the other free) move, cause to move, forwards and backwards or in a curve"と説明されている。つまり、"swing"は「一端が固定されているか留められており、他端が自由な状態にあるようなものが、前後に、あるいは曲線を描いて動く」という意味なのである。"どのようなもの"が"どのように"揺れるのかが、きわめて明瞭に説明されている。このような定義から考えれば、野球でバット（bat）を、テニス（tennis）でラケット（racket）を、あるいはゴルフ（golf）でクラブ（club）を振るのが、swingであることがよくわかる。

ノースカロライナ州立大学在職時代、私が日本からの留学生や客員研究員にいつも最初にいっていたのは、「アメリカに来ただけで英語が上達するような幻想を捨てるべし。本当の英語力を身につけたかったら、英和辞典を即刻捨てるべし」であった。私は、アメリカで20年以上暮らしているにもかかわらず、まともな英語が使えない日本人を少なからず見ていたし、私の経験からも英英辞典を使うこと、徹底的に読むことが、native Englishに近づこうと

するときの、地道ながらも最も確実な道だと確信していたからである。

前述のように、私は学生時代から Hornby の英英辞典を使っているが、「初代」はボロボロになってしまったので、現在もっているのは「2代目」である。

英和辞典を使わないこととともに大切なのは、和英辞典で得た英単語を必ず英英辞典で調べてみることである。すなわち、その単語がもつ "native English としての意味"を確認する習慣をつけることである。

▶「和英辞典」が引き起こした大失態

在米中に私が遭遇した、日本人が和英辞典に頼ったがゆえの「笑い話」を紹介したい。

私自身もそうであったが、多くの日本人がアメリカへ来て驚くことの一つに、アメリカの住居の大きさ・広さがある。もちろん、大都市においては日本と同じようなアパート（apartment）や小さな一戸建ても少なくないが、私が長く暮らしたノースカロライナ州ローリー（Raleigh, North Carolina）の住宅地では、土地の単位が600坪（half-acre）だった。一般的な日本人の感覚からいえば、建物も相当に大きいが、木々が生い茂った600坪の敷地の中に建っているので、ちょっと大げさにいえば「森の中の一軒家」のような雰囲気であった（帰国してからすでに25年経ったいまでも、私はその家を懐かしく思い出す）。

日本からの来客の歓迎パーティを、アメリカの友人十数名を招いてわが家で行うことがしばしばあった。このよう

な"自宅"での大人数のパーティを目の当たりにした日本人の多くが、「私の家は狭いので、このように大勢の人を家に招くことができない」というが、日本の友人はこのとき、"My house is narrow."といった。

確かに、日本語の「狭い」に相当する英語を和英辞典で調べると、narrow、small、confined、scantyなどの単語が出てくる。これらの単語のうち、学校英語を習った多くの日本人が最初に思い浮かべるのは「狭い = narrow」だろう。だから、私の友人が"My house is narrow."といったことも理解できるし、この英語自体、必ずしも間違いというわけではない。

一般的に「私の家は狭い」というときの日本語の「狭い」は、「建物の面積が広くない、狭苦しい」の意味だろう。ところが"narrow"は、同じ「狭い」でも"measuring little across in comparison with length"、つまり「幅が狭い」という意味なのである。したがって、「私の家の床面積は広くない、狭苦しい」ということをいいたいのであれば、

My house is small.

といわなければならない。ちなみに、"small"は"not large in size or amount"の意味である。

先ほど、"My house is narrow."という英語自体は必ずしも間違いというわけではない、と書いた。それは、この英語から図4に示すような"幅が狭い"形状の家を思い浮

Chapter 1
日本人と英語

かべることができるからである。このような家は、"measuring little across in comparison with length" という形状の土地に建てられる家として、決してあり得ないことではない。実際に、京都では間口が狭い家が多く見られる。しかし、"My house is small." との間には、明確に意味の違いがある表現であり、その違いを英英辞典でしっかりと理解していただきたい。

和英辞典から「狭い = narrow」と憶えてしまうのは、じつに危険である。同様に、「広い = wide」と憶えてしまうと、意に反して "My house is wide." といってしまうかもしれない。wide は narrow の反意語で、"measuring much from side to side or in comparison with length"、つまり「幅が広い」という意味である。

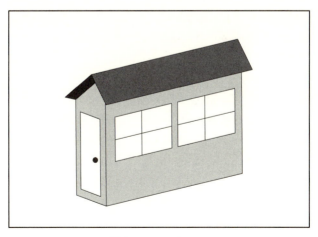

図4　narrow house

もう一つ、和英辞典に頼ったがゆえの、私自身のかなり深刻な失敗談を、恥を忍んで紹介しておきたい。

　私の論文英語の先生でもあったnative Americanの親しい友人（女性）について、あるパーティで、"She is my intimate friend." と紹介したことがあった。もちろん、「彼女は私の親友です」の意味である。ところがこの後、私は彼女に厳重に注意されたのである。

　「親友」を小さな和英辞典で調べれば普通、"best friend, close friend" が出てくる。大きな和英辞典、たとえば *KENKYUSHA'S NEW JAPANESE-ENGLISH DICTIONARY*（第4版）には、"a good [close, bosom, great] friend; one's best friend; a buddy; an intimate (friend)" が出ている。私が知る "intimate" は "close and familiar; innermost; private and personal" なので、私の気持ちとしては "intimate friend" が単なる "good friend" 以上の彼女に使うべき最も適した「親友」だと考えたのだ。

　ところが、私が彼女にいわれたのは「異性の友だちの場合（これはもう30年以上前の話なので、いまでは異性の友だちに限らないかもしれない）、"intimate friend" から English native がまず思い浮かべるのは"性的関係にある、ねんごろな関係にある者同士"」ということであった。私が意味したのはもちろん、そういうことではない。私はびっくりして、家に帰ってから英英辞典で調べたところ、確かに "intimate" には "physically very close and personal, especially in a sexual way" という意味があった。

Chapter 1
日本人と英語

　われわれ日本人が話したり書いたりする英語が欧米人に真意を伝えておらず、それがもとで思わぬ誤解や摩擦が生じてしまう例は枚挙にいとまがない。その原因の多くが、英和辞典と和英辞典が不可避的にもつ「罪（ざい）」によることを忘れないでいただきたい。

▶ 飛躍的に英語力がつく方法──「英英辞典」を読み込む

　重要なことなので、もう一度強調しておく。

　日本人が欧米人とcommunicateするための英語を習得するうえで最も基本的なことは、ひたすら英英辞典を読むことである。原則として、英和辞典を使わないことである。

　一口に英英辞典といっても、多種多様な英英辞典が市販されているので、選択に迷うだろう。実際に私自身も、いままでに何冊もの英英辞典を手にしてきた。

　以下、読者の選択の参考にしていただくために、あくまでも私自身の経験からいくつかの英英辞典を紹介してみたい。

　すでに述べたように、私が高校時代後期から現在まで愛用しているのが *Hornby* である。この辞書をなぜ使い始めたかといえば、高校2年時の担任の先生がサンフランシスコ大学卒の英語教師（日本人）で、この先生から勧められたのが *Hornby* だった。その後、アメリカで生活するようになってからもいくつかの英英辞典を手にとってみたが、やはり *"Learner's Dictionary"* と謳（うた）う *Hornby* に勝るものはなかった。この辞書には、日本人にとっての難敵の一つ

である可算名詞と不可算名詞の詳細な区別、用法の明示など、まさに英語の"learner"にとって有益な教えがたくさん書かれている。

もう一つ、きわめて unique な英英辞典として、特に初学者に推薦したいのが、*COBUILD Advanced Learner's English Dictionary*（HarperCollins Publishers、紀伊國屋書店）である（以下 *COBUILD*）。この辞書では、従来の辞書における"言葉の定義"方式を完全に脱して、まるで native speaker の幼稚園の先生が、その言葉の"使用法"を平易な英文でていねいに説明してくれるような雰囲気をもっている。

たとえば、"love" について *Hornby* が "warm, kind feeling; fondness; affectionate and tender devotion" と定義しているのに対し、*COBUILD* は "If you love someone, you feel romantically or sexually attracted to them, and they are very important to you." といった具合に説明している。読んでいて、じつに楽しい気分にさせてくれる辞典なのである。このような気分にさせてくれる愉快な辞典を、私はほかに知らない。

COBUILD にはさらに、ほかの英英辞典には見られないいくつかの特徴があるが、その一つは、見出し語のうち、こんにち使用されている英語の80％を占めているといわれる約3000の最重要語に3段階の"頻度表示"がつけられていることである。

私が必死に英語を勉強している頃に、この *COBUILD* のような辞書があったらどんなに助かっただろうと痛感す

Chapter 1
日本人と英語

る。残念ながら当時、*COBUILD* はまだ存在しなかった。

　重要なことなので、しつこく、もう一度強調しておく。

　日本人が欧米人と communicate（share or exchange knowledge）するための英語を習得するうえで最も基本的なことは、ただひたすら英英辞典を読むことである。原則として、英和辞典は使わないことである。

　なお、私が英語を勉強していた頃は、「辞書」といえばもっぱら「紙の辞書」であり、電子辞書なるものは存在しなかったが、IT 全盛時代の現在、インターネットの辞書サイトを有効利用することも大いに役立つだろう。たとえば、「Dictionary.com」（http://www.dictionary.com/）や「Merriam-Webster」（https://www.merriam-webster.com/）などが、native 向けの本格的な定義に加え、learner 向けのやさしい定義が掲載されていたり、類語もすぐに調べることができるなどお勧めだ。また、上記の *COBUILD* は https://www.collinsdictionary.com/ で access できる。

　いずれにしても、大切なのは英英辞典を読み込むことである。

理系のための
「実戦英語力」習得法

Chapter 2

理系英語とは
どのようなものか

—— 特徴を知れば、上達も速くなる！

2.1　理系英語と文系英語

▶英語の樹

　世界中には、数え切れないくらいの異なった言語がある。

　私はいつも、どうして世界にはこれほど多数の異なった言語があるのか、世界に共通語があればどんなに便利だろう、と不思議に思う。こうした願いから19世紀末に、帝政ロシア時代の眼科医・ザメンホフ（Zamenhof）らによって考案された人工言語が「エスペラント（Esperanto）」だった。

　この話は確か、かつて私が習った小学校か中学校の国語の教科書に出ていたほど、画期的な試みだった。しかし、現在でも「同好会」的に使う人は皆無ではないのだろうが、「エスペラント」という言葉自体がほとんど知られていないくらいだから、「世界共通言語」にはほど遠い。エスペラントが世界的レベルで普及しなかった理由はいくつもあるのだろうが、なにより致命的だったのは「エスペラント文化」が存在しないことだと思う。

　言語はcommunicationのための道具であり、それらは、それぞれの風土や文化という土壌の上に成り立つものである。前述のように、各言語の語彙が風土や文化、そして文明と深く関わるのは当然であろう。

　人類史を通覧してみると、「国際共通語」はギリシャ

Chapter 2
理系英語とはどのようなものか

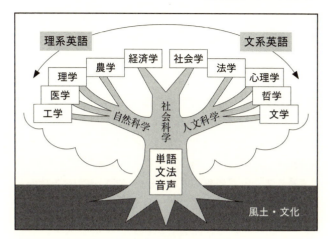

図5　英語の樹

語、ラテン語、アラビア語などを経て、20世紀以降は現在に至るまで英語がその地位を占めている。歴史的には、必ずしも文化大国である必要はなく、経済、軍事において周囲の国や地域に影響力の強い国や地域で使われる言語が国際共通語になるので、今後も当面の間は、英語（米語？）が国際共通語であり続けることは間違いないだろう。

これは近代、19世紀にあってはイギリス（Pax Britannica）が、20世紀以降にあってはアメリカ（Pax Americana）が経済的、政治的、軍事的覇権国であり、したがって文化的にも世界に多大な影響を与えた文字どおりの大国であったことを考えれば当然であろう。残念ながら、日本がいくら頑張っても、日本語が国際共通語になることは

あり得ないし、いわんや、北朝鮮がいくら世界を威嚇しても、朝鮮語が国際共通語になることは絶対にない。

一口に「国際共通語の英語」といっても、その中には"さまざまな英語"が含まれる。"さまざまな英語"は、それこそさまざまな観点から分類され得るだろうが、ここでは図5に示すような"英語の樹"で表すことにする。

この樹は、風土・文化の土壌に根を張って立っている。末端にいくと、工学、医学……哲学、文学の各枝、つまり"理系英語"と"文系英語"に分かれているが、各枝のもとは自然科学、社会科学、人文科学という太い幹である。これらの太い幹のもとは"基礎英語（単語、文法、音声）"である。もちろん、各専門英語は厳然と分離できるものではないので、図5の枝は便宜的なものであり、太い幹についても同様である。

図で左側にいけばいくほど"理系"の要素が強くなり、右側にいけばいくほど"文系"の要素が強くなる。経済学や社会学は、これらの中間に位置し、どちらともいいがたい。

● 語彙はどのくらい必要か？ ── 暗記式は効果なし！

どんな言語であれ、その"基礎の基礎"はいうまでもなく単語である。単語の連続によって文・文章が作られるのだから当然である。単語を知らなければ話にならない。

英和辞典、和英辞典を見れば明らかなように、英語の単語はわれわれが知っている日本語の単語とは異なるものである。したがって、われわれにとって異言語である英語が

Chapter 2
理系英語とはどのようなものか

"使える"ようになるためには、ある程度の数の英単語の意味、使い方が自分のものとして記憶されていなければならない。

この"ある程度の数"については後述するが、"自分のものとして"というのは、自分の母国語である日本語の単語と同じように理解し、同じように自由に使えるという意味である。

その単語の連続の仕方の規則が文法であり、文意を正確に読み取るための"道具"が文法なのであるが、たとえ文法の知識が皆無であっても、すべての単語の意味を知っていれば、文の大意は理解できるはずである。要するに、英語力は語彙力次第なのである。したがって、英語を習得しようとする限り、英単語を憶える (memorize)、そして覚える (learn) 努力、忍耐を避けては通れない。

問題は、その"憶え方"、"覚え方"である。本書の読者の多くは、私と同様、受験生の頃のように『豆単』や『でる単』を"A"から"Z"まで順に、機械的に暗記することの虚しさと無力感を知っているだろう。事実、単語を機械的に暗記したとしても、残念ながら、そのような「単語力」は持続しないし、よしんば持続したとしても、実戦的英語の"現場"ではほとんど通用しない。実戦的に有効な語彙力強化法については、後述する。

さて、"ある程度の数"とは、具体的にどのくらいの単語数なのだろうか。

たとえば、66ページで述べた *COBUILD* に示される約3000の最重要語あたりが目安になるだろう。イギリスの

The Bank of English の data によれば、この約3000語を知っていれば、一般的な英文の約80%が読めることになっている。

このことはまた、この約3000語が"自分のもの"になっており、さらに英文法の基礎（第3章で詳述）が身についていれば、自分がいいたいこと、書きたいことの約80%を英文で表現できることを意味する。残りの約20%は辞書の助けを借りて克服できるだろう。もちろん、"理系の英文"を読んだり書いたりするためには、これらの単語に加えて専門用語を知っておく必要がある。

繰り返しになるが、実戦的英語習得のための、地道ではあるが、最も効果的な勉強法は英英辞典を徹底的に読み込むことである。私は読者に、たとえば、まず *COBUILD* の最重要語約3000語中の上位「頻度1」の単語（654語）と「頻度2」の単語（1038語）を読破することを勧めたい。

ポイントは、暗記しようとしないことである。読破のための目標日程を決め、あとはただ、ひたすら読むこと。読む順番は、alphabet 順でも気が向いた順でもかまわない。とにかく繰り返し読んでほしい。読破後には、かなりの語彙力とともに英語ならではの"感覚"が身についていることを保証する。

▶ 語彙力強化法

語彙力をいかに強化するかというのは、すべての外国語学習者にとって最大の関心事であり、最大の悩みでもあろ

Chapter 2
理系英語とはどのようなものか

う。年齢とともに記憶力の衰えを自覚するようになると、挫折感さえもってしまいそうである。確かに、語彙力強化は一朝一夕にできることではないが、より効果的、効率的な強化法はある！

最初に、再度強調しておかなければならないのは、しばしば巷の「英語教材」の広告に見られるように、楽に、簡単に語彙力が身につくようなことは、南方熊楠のような稀有な天才の場合を除いて、決してあり得ないということである。

以下、私自身の経験をもとに、語彙力強化法を具体的に紹介する。

まずは"正攻法"であるが、なるべく長時間、英語に触れること、具体的には多読することが第一の語彙力強化法である。英語攻略の正攻法はなんといっても多読である。「書く力の強化法」については2.3節で改めて述べるが、「自分が関連する分野の論文（その著者は実績のある English native とする）を毎日1報、よく考えながら筆写すること」は一石三鳥以上の「語彙力強化法」になる。英文を"読む"途上、当然知らない単語に遭遇するわけだが、その単語についての説明を英英辞典でたんねんに読むことが、語彙力強化の最善の方法である。

もちろん、"知らない単語"についての英英辞典の説明の中で、さらなる知らない単語に出合うことが予想される。その場合はまた、その知らない単語を英英辞典で調べるのである。以下、これを根気よく繰り返す。この間、英和辞典の誘惑を振り切らねばならない。

日常的に、なるべく長時間、英語に触れるためには、自身の専門・研究分野に関連する論文に加え、*Nature* や *Science* のような magazine の記事を毎日読むことも効果的である。"毎日"を持続させるためには、決して目標を欲張ってはいけない。忙しいとき、時間がないときでも（誰でもそういう excuse をつくりがちであるが）、見出しだけでもよいから目を通すことで、"毎日"を持続させることが大切である。毎日 30 分でもよい。私は、どんなに忙しい人でも、1 日に 30 分の時間が取れないということを信じない。何事も、ほとんどの場合は「時間がないから」ではなく、「気力がないから」できないのである。気力さえあれば、1 日に 30 分の時間をつくれないはずがない。

　辞書（もちろん英英辞典）で"知らない単語"を調べたとき、その単語の意味だけを知って辞書を閉じるようなもったいないことをしてはいけない。その単語の付近にある単語にも目を向け、"仲間の単語（派生語）"や、spelling は似ているが直接は関係ない単語なども貪欲に覚えるべきである。

　たとえば、"proceed"という単語の意味がわからないとする（いま、私がたまたま開いた英英辞典のページにこの単語があっただけで、proceed という単語自体に深い意味があるわけではない）。この proceed の前には procedure (n)、procedural (adj)、後には proceeding (n)、proceeds (n)、process (n,vt)、procession (n) というような仲間とおぼしき単語が並んでいる。これらの単語の意味を知れ

ば、1つの"知らない単語"から5～6個の単語の意味を知ることになる。

ここで大切なのは、単に"知っている単語"の数を増やすということだけではない。むしろ、そのこと自体よりも、同根の英単語の動詞、名詞、形容詞、副詞の"形"に対する感覚を養ったり、後述する語根（語源）や接頭辞、接尾辞に敏感になることが大切なのである。これらの感覚を身につけることにより、今後新たに知らない単語に出合ったときに、その意味を類推できるようになるのだ。英語に限った話ではないが、外国語を読むときにはこの「意味を類推する」能力がきわめて大きな力になる。

このような観点から、私は、最近多くの人が使っている電子辞書よりも、広範囲の紙面を一度に眺めることができる昔ながらの「紙の辞書」のほうが断然よいと思う。

▶「和英辞典」活用法

日本語を英語に訳そうとするとき以外には、あまり手にすることがない和英辞典であるが、これを語彙力強化に積極的に利用することができる。

自分の視界にある、あるいは頭の中にある事物やそれらの性質、動作、現象などをすべて英語で表現する練習を行い（たとえ"表現"できなくても、それらに関する英単語を喚起するだけでもよい）、そのときに和英辞典を使うのである。pocketに入るような小さな和英辞典（最近では電子辞書）をつねに持ち歩き、日常生活の中で上記のことを試みるのはきわめて効果的である。早速、いま読者のみ

なさんの視界にある事物や動きなど、あらゆる物事をすべて英語で表現することを試みていただきたい。

次に、理系のわれわれにふさわしい"科学的"な英単語力強化法について述べよう。

われわれ日本人が日常的に使う漢字の多くは、一字一字が一定の意味をもつ表意文字である。古代エジプトのヒエログリフ（hieroglyph）もまた、代表的な表意文字である。これに対し、ローマ字や仮名などのように、一字一字は意味をもたず、"音"を表すのが表音文字である。

象形文字やいくつかの部首から成る漢字は、文字どおり、見ればその意味がわかるし、正確にはわからないまでもおおよその意味は見当のつく場合が多い。たとえば、以下に示すように"木"に関わる「木偏の漢字」はまことにわかりやすい。

　　木　→　林　→　森　（木の数が増えると林に、さらに森に）
　　　→　樫　（堅い木）
　　　→　楠　（南の木）
　　　→　柊　（冬の木）
　　……

魚偏（寿司屋へ行くとたくさんの魚の漢字が書かれた茶碗がある）、三水偏、草冠、肉月などの漢字も同様である。

一方、表音文字であるalphabetが組み合わされてでき

ている英単語にも、特に文字数が多い単語ほど、漢字と同様にいくつかの"部首"のような語根、接頭辞、接尾辞から成っているものがある。つまり、英単語は（ほかのヨーロッパ語でも同じであるが）、語根、接頭辞、接尾辞の知識をもっておくことで、たとえ"知らない"単語でも、そのおおよその意味の見当をつけることができる。たとえば"concentrate（= bring or come together at one point）"は con・cen・trate の3音節から成る単語で、基本的に

con　+　centr　+　ate
接頭辞　　語根　　接尾辞

という構造になっている（音節は、"構造"の単位とは若干異なる）。

　語根の "centr" は center（= middle part or point）の意味であり、"con" は together を意味する接頭辞、"ate" は動詞を作る接尾辞である。これらが合わさることで、"concentrate"、つまり "bring or come together at one point" という意味になっている。

　短い（文字数が少ない）単語には接頭辞、接尾辞がなく、語根のみから成ることが多いが、いずれにせよ、英単語の意味を語源的に理解する努力が大切である。そのためにはまず、単語の音節（syllable）に敏感にならなければならない。一般に、文字数が多い単語ほど多くの音節から成っており、それぞれの音節が語源的な意味をもっているから、そのような単語を1つの"文"のようにみなせば、

単語全体の意味を類推するのはそれほど難しくはない。これを実践するためには、語根、接頭辞、接尾辞についての知識が必要不可欠で、これは極力憶えるほかはない。その際、前述の英英辞典を読み込むこと、そして知らない単語の"前後の単語"に目配りすることが、大いに役立つのである。

　主要な接頭辞、語根、接尾辞を巻末の付録にまとめたので十分に学習していただきたい。これらの接頭辞、語根、接尾辞に習熟（暗記）すると、非常に効率よく英単語力を強化することができる。たとえ初めて見る単語でも、接頭辞、語根、接尾辞の知識があれば、単語の意味、少なくとも"遠からずの意味"を類推できるようになる。英単語の意味を機械的に暗記するようなことはせず、語源をイメージしながら覚えることを心がけていただきたい。

　そして、効率よく単語力をつけ、語彙を増やすには、派生語や同意語、反意語をまとめて覚えるのが有効だ。繰り返しになるが、知らない単語を辞書で調べる際には、"ご近所の単語"も同時に覚える習慣をつけていただきたい。

　何度もしつこく強調しておく。

　語彙力強化の最善の方法は、英英辞典をたんねんに読むことである。

▶文系英語よりずっとかんたんな理系英語

　日本語の小説に限らず、英語の小説にも作家独特の文体、文章の味というものがある。文学作品がもつ大きな魅力の一つは、内容、筋書きとは別に、作家独自の文章の味

Chapter 2
理系英語とはどのようなものか

や表現が読者の琴線に触れ、感動を与えることだろう。

たとえば、「英文学作品」として有名な E. Hemingway: *The Old Man and the Sea*、H. Melville: *Moby-Dick; or, The Whale*、D. H. Lawrence: *Lady Chatterley's Lover* の冒頭部分だけでも読み比べてみれば、それぞれの作家特有の"味"を感じることができる。これらの"味"に興味がある読者はぜひ、上記3作品の冒頭部を読んでみていただきたい。物書き、とりわけ小説家は誰でも、書き出しの文章に細心の注意を払うものなので、書き出しの文章には、その作者の独特の"味"が出やすいのである。

しかし、詳しくは後述するように、理系英語においては、著者独特の"味"が入り込んではいけない。言い換えれば、理系英語は"味"という観点からは"面白味"に欠けるのであるが、文系英語と比べれば、理解がずっと容易である。この点に、理系英語を習得しようとするわれわれは、大いに勇気づけられるではないか。

ここで、理系英語を習得しようとするわれわれが勇気づけられるための前提の実例として、文系英語（文系学者が書く英語）の典型を読んでみていただきたい。

In short, after the war, while America was sending out its blue jeans to unite the young of all nations, a concrete form of democratic universalism that has had liberalizing effects on many enslaved nations, it was importing a clothing of German fabrication for its souls, which clashed with all that and cast doubt on the

Americanization of the world on which we had embarked, thinking it was good and in conformity with the rights of man.

　この英文の意味を正確に理解する必要はないが、読んだ（見た）率直な感想はいかがだろうか。

　これは、1980年代末のアメリカで、長い間ベスト・セラー（best-seller）であったAllan BloomのThe Closing of the American Mind（Simon & Schuster）というアメリカの文明社会論の一節である。アメリカで暮らし始めてから6年ほどが経過し、"Pax Americana（アメリカの平和：アメリカによって強制されている平和）"といわれていたころの"強いアメリカ"から、かなり斜陽し始めていたアメリカ社会を肌で感じるようになっていた当時の私にとって、この本の内容はきわめて興味深いものだった。

　しかし、この本は、文系学者（日米を問わず）に特有であるように思われる難解な英文の連続で、読むのに難渋したことをいまでも明瞭に憶えている。まず、一つの文が長すぎる！　上記の例文は、出足で"in short（手短にいえば）"とはいうものの、77語から成る単文である。"in short"が空々しいではないか（それとも"in short"はjoke？）。

　私には、上記の英文をきちんとした日本語に訳す自信がないので、ここに拙訳を載せることを避ける。日本語訳に興味がある読者は、上記書の邦訳『アメリカン・マインドの終焉』（みすず書房）を読んでいただきたい。

Chapter 2
理系英語とはどのようなものか

 もちろん、私はここで文系英語はすべて複雑で、一つひとつの文が難解である、と断言するつもりはない。たとえば、先に挙げたヘミングウェイ（Hemingway）の『老人と海（*The Old Man and the Sea*)』のように平易で簡潔なものもある。私がいいたいのは、文系英語の場合、ここに掲げた例のように、かなり複雑で長い文でも堂々と通用し、ときには"難解さ"が"売り物"にもなり得るということなのである。まったく幸いなことに、われわれ理系人は、趣味で読む場合は別にして、研究・仕事としては、このような文系英語を読む必要も、書く必要もない。

 われわれが読み、書く必要がある理系英語の典型例を以下に示す。

 内容は、ニュートン（Newton）の「運動の法則」に関するものである。上記の文系英語の典型例と読み比べていただきたい。

Intuitively, we can define force as any kind of a push or a pull on an object. When you push a grocery cart or a stalled car, you are exerting a force on it. When children pull a wagon, they are exerting a force on the wagon. When a motor lifts an elevator, or a hammer hits a nail, or the wind blows the leaves of a tree, a force is being exerted. We say that an object falls because of the *force of gravity*. Forces do not always give rise to motion. For example, you may push very hard on a heavy desk or sofa and it may not move.

(D. C. Giancoli: *PHYSICS*, Prentice Hall)

　この文章も、前掲の Bloom の単文と同じように、およそ 100 語から成っている。しかし、こちらは 7 つの単文から構成されており、それら 7 つの文が論理的に筋道立って続いている。たとえ知らない単語がいくつかあったとしても、理系の読者であれば、内容を理解するのは難しくないだろう。

　もし、この文章の内容がまったく理解できないという読者がいたとすれば、その読者にとって、本書が有意義なものとは思われない。まことに申し上げにくいことではあるが、そのような読者の英語力、知識は理系英語を云々する以前のものと思われるからである。

　われわれが習得しようとする理系英語の特徴は、

1) 論理が明快である
2) 文意が一義的である（誤解の余地がない）
3) 専門用語以外は日常用語を用い、なるべく短い文で構成されている

ということにある。

　この 3 箇条を見て、大いに勇気づけられるのではないだろうか。

● 明快な理系英語の実例

　ニュートンの「運動の法則」の話が出たついでに、以下

Chapter 2
理系英語とはどのようなものか

に「運動法則Ⅰ、Ⅱ、Ⅲ」を説明する興味深い一対の文章を紹介したい。運動法則Ⅰ（LAW Ⅰ）は「慣性の法則（静止または一様な直線運動をする物体は、力が作用しない限り、その状態を持続する）」、運動法則Ⅱ（LAW Ⅱ）は「運動方程式（物体の運動量の変化は、これに働く力の向きに起こり、その力の大きさに比例する）」、そして、運動法則Ⅲ（LAW Ⅲ）は「作用‐反作用の法則（2つの物体が互いに力を及ぼし合うとき、これらの力は大きさが等しく、向きが反対である）」である。

同じ内容ではあるが、出典が異なるa、b 2つの文章を注意深く読み比べていただきたい。

LAW I
  a) Every body continues in its state of rest or of uniform speed in a straight line unless it is compelled to change that state by forces action on it.
  b) Every body continues in its state of rest, or of uniform motion in a right line, unless it is compelled to change that state by forces impressed upon it.

LAW II
  a) The acceleration of an object is directly proportional to the net force acting on it and is applied net force.

b) The change of motion is proportional to the motive force impressed; and is made in the direction of the right line in which that force is impressed.

LAW III
 a) Whenever one object exerts a force on a second object, the second exerts an equal and opposite force on the first.
 b) To every action there is always opposed an equal reaction; or, the mutual actions of two bodies upon each other are always equal, and directed to contrary parts.

これら一対のa、bを読んで、何か大きな違いを感じるだろうか。a、bの両者間に、それほど大きな差は感じないはずだ。

出典を明らかにしよう。

aは、現在アメリカで一般的に使われている物理学の教科書の一つである、上記 D. C. Giancoli: *PHYSICS* である。一方のbは、ニュートン本人のラテン語原著 *Philosophiæ Naturalis Principia Mathematica*（通称 *Principia,* 1687）の最初の英訳本 *Mathematical Principles of Natural Philosophy*（A. Motte, 1729）である。

つまり、bは300年近く前に書かれた英語なのであるが、「古い」という感じはまったくしない。いずれもが、

Chapter 2
理系英語とはどのようなものか

理系のわれわれがきわめて明快に読むことができる理系英語である。このことが理系英語の特徴であるのだが、理系英語がこのような特徴をもつのは、"理系"の対象が普遍的な自然（nātūra）だからである。

▶ 理系英語の使命

理系英語の使命を深刻に考えさせられる一文を、*The Craft of Scientific Writing*（M. Alley, Springer, 1996）の「まえがき（Foreword）」から以下に引用する。次ページに示す参考日本語訳を読む前に、この英文が述べる"the weak writing（稚拙な文章）"の理由を理解できるまで、じっくり読んでいただきたい。

In October 1984, the weak writing in a scientific report made national news. The report, which outlined safety procedures during a nuclear attack, advised industrial workers "to don heavy clothes and immerse themselves in a large body of water." The logic behind this advice was sound: Water is a good absorber of heat, neutrons, and gamma rays. Unfortunately, the way the advice was worded was unclear. Was everyone supposed to be completely submerged? Was it safe to come up for air? Besides being unclear, the writing conveyed the wrong impression to the public. The report came across as saying "go jump in a lake" — not the impression you want to give someone spending thousands of dollars to fund your research.

【参考日本語訳】

　1984年10月、科学・技術報告書の文章が極めて稚拙であることが国民的な話題になった。それは、工場で働く人向けに、放射能汚染を受けたときの安全対策をアドバイスしたものであるが、その中に「分厚い衣服を着て、大量の水の中に浸かりなさい」と書かれていた。このアドバイスの背後には、「水は熱、中性子、そしてガンマ線の良好な吸収体である」という論理があると思われる。しかし、残念ながら、そのアドバイスの文章が意味するところは不明瞭である。このアドバイスを受けた人はみな完全に水に浸かるだろうか？　水面から出ていても安全なのだろうか？　意味が不明瞭なだけでなく、この文章は一般の人に誤った印象を与えた。この報告書は結果的に、放射能汚染防止に関する研究のための多額の研究資金の大切さよりも「湖の中に飛び込めば放射能汚染が避けられる」という印象を与えてしまったのである。

（志村史夫編訳『理科系の英文技術』朝倉書店、1998）

　いかがであろうか。
　アドバイスの文章の意味が不明瞭であったために生じた"悲喜劇"である。
　英語に限ることではなく、理系の文章の絶対的に重要な

Chapter 2
理系英語とはどのようなものか

使命は、通常の読解力と常識を有する誰が読んでも、その"理解"が書き手の意図と100％合致するものでなければならない点にある。もし誤解が生じる余地があれば、その誤解が大事故を導きかねないからである。特に、PL（product liability、製造物責任）法が厳しい現在では、商品の説明書などにおいて、どのような小さな誤解も許されない。誤解の内容によっては、人命に関わる事態になるかもしれないからである。

そのような"理系の文章"に求められる条件を簡潔にまとめれば、84ページに記した1～3と重複するが、

1) 論理が明快であること
2) 文意が一義的である（誤解の余地がない）こと
3) 専門用語以外は日常用語を用い、なるべく短い文で構成されていること
4) 事実と推測、自分の意見と他人（一般）の意見が明確に区別されていること

である。
たとえば、

They are running horses.

という英文の意味を考えていただきたい。
この文の中に、"知らない単語"は一つもないはずである。ところが、この英文を正確に訳すのはかんたんではな

い。この英文を構成する4つの単語中の特定の語にstressを置いて音読すれば、ある程度は意味を限定できるが、目で見ただけの情報から、どのように訳せばよいのかを判断するのは難しい。英語初級者には案外すんなり訳せる可能性があるが、英語がかなりできる読者ほど難渋するはずである。

この英文を目で読む限り、

a) 彼ら（馬）は走っている馬（競走馬？）である。
b) 彼ら（人間）は馬を走らせている。
c) 彼ら（人間）は馬を運搬している。
d) 彼ら（人間）は馬を追い立てて（盗んで？）いる。
e) 彼ら（人間）は馬を（馬肉用に？）加工している。

などと訳す（意識的に"直訳調"にしている）ことが可能である。

この"They are running horses."は、上記の条件3を完璧に満たしているが、他の条件1、2を満たしていない。すなわち、"理系の英文"としては完璧に失格である。

その原因は、肝腎の主語である"They"が人間なのか馬なのか、また、述語である"run"の意味が一義的に定まらないことにある。文意を一義的にするためには、的確な単語を選択しなければならない。

どうすれば、条件1、2、4を満たすことができるだろ

うか? この点を厳格に規定するのが「文法」なのである。

"理系英語"に求められる文法については、第3章で詳述する。

● 冗長句を避ける

日本人特有の謙譲の精神の結果とも思われる冗長表現（double hedging）については、47ページで述べた。冗長表現は、文を構成する単語の数を減らすことによっても、避けることが可能である。もちろん、必要な語を削り落とすわけにはいかないが、不要な語（冗長句）は極力削らなければならない。

以下に示すのは、1語に書き改めることが可能な冗長句（"もってまわった言い方"）の例である。文章の"味"のことを考えれば、まさに"味気ない"書き改めなのではあるが、われわれは理系英語の使命を優先すべきである。

冗長句	簡潔な1語
a great deal of	much
a greater length of time	longer
a large number of	many
a number of	several
a small number	few
a sufficient number of	enough
after this has been done	then
aimed at	for

arrive at a decision	decide
at the present time	now
at that point in time	then
at this point in time	now
be found to be in agreement	agree
bring to a conclusion	conclude
conduct an investigation into	investigate
during the time that	while
for the purpose of	for
have been shown to be	is (are)
have the ability to	can
if it is assumed that	if
in all cases	always
in all other cases	otherwise
in conjunction with	with
in connection with	about
in order that	to
in most cases	usually
in regard to	about
in spite of the fact that	because
in the event that	if
in the vicinity of	near
in view of the fact that	because
inasmuch as	because
it is apparent therefore that	hence
make an adjustment to	adjust

make an examination	examine
of a reversible nature	reversible
on account of the fact that	as
owing to the fact that	because
prior to	before
proved to be	was（were）
take into consideration	consider
the question as to whether	whether
undertake a study of	study
which go（goes）under the name of	called
with the exception of	except
with the result that	so

2.2 英語の「構造」を知る

▶ △型と▽型 ―― 説明が先か、結論が先か

　すでに述べたように、言葉は民族、風土、歴史が相乗された結果である文化の一部である。したがって、あらゆる言語間には文化の違いを背景にした違いがあるのは当然である。それだけに、日本人が外国語である英語を習得しようとする場合には、それ相当の覚悟が必要である。

　より具体的にいえば、"文化的な違い"を意識せずに、日本人が日本人の自然な気持ちで英語を学んでも、英語らしい英語、native English に近づくのは難しいということ

だ。とはいえ、再三述べているように、理系英語が、このような"文化的な違い"の影響を受けにくいことが、理系英語を習得しようとするわれわれ日本人には救いである。

しかし、日本語と英語がさまざまな点で異なっているのは厳然たる事実である。特に、日本語と英語の構造の違いを知ったうえで、"Japanese English"ではなく"native English"を目指さなければならない。

日本人の伝統的な謙譲の美徳、「沈黙は金」の精神と密接に関係しているのだと思うが、日本人の話は一般に"前置き"が長く、話の核心になかなか至らない傾向にある。日本人は一般的に、まず理由づけや細部の説明をしてから、最後に結論をもってくる。この特徴は、日本人が書く英語にも顕著に表れがちで、「~（理由）だから、~（結論）だ」という構造になる。このような構造を、「説明→結論」の「△型」とよぶ。

一方、欧米人はcommunicationの出発点で、まず「~だ」という結論を述べ、それから、その結論に至るまでの説明をする傾向がある。当然のことながら、欧米人が書く英語も、この構造になる。こちらを「結論→説明」の「▽型」とよぶ。

△型の日本語の極端な例は、冒頭の数行だけは誰にでも知られていると思われる、宮沢賢治の「雨ニモマケズ」という30行から成る詩に見られる。

　　雨ニモマケズ
　　風ニモマケズ

Chapter 2
理系英語とはどのようなものか

(このあと 26 行！)
サウイフモノニ
ワタシハナリタイ

　この詩の文意の核心は、最終行の「ワタシハナリタイ」である。では、何になりたいのか？　最後から2行めにある「サウイフモノニ」であり、その「サウイフモノニ」の具体的内容が1行めから28行めまでを用いて書かれている。つまり、30行から成る文の真意、すなわち「ナリタイ」のか「ナリタクナイ」のかは最後の最後までわからない。

　もし、"詩の心"を無視し、上記の宮沢賢治の詩を▽型の英語で書くとすれば、まず「ワタシハナリタイ（I wish to be ...）」が文頭に来なければならない。つまり、自然な英語で書くとすれば、

　　ワタシハナリタイ　　（結論）
　　サウイフモノニ　　　（大まかな説明）
　　雨ニモマケズ　　　┐
　　風ニモマケズ　　　├（細かな説明）
　　（このあと26行）　┘

という構造になるだろう。

　まず「ワタシハナリタイ」と真意（結論）を述べ、そのうえで何になりたいのか、すなわち「サウイフモノ」になりたいと続ける。「サウイフモノ」とは何か。「雨ニモマケ

ズ、風ニモマケズ、(このあと26行)」という「モノ」である。このような構造が、「結論→説明」の▽型である。

●口頭発表では致命傷になり得る△型

26ページ図3に示したwritten communicationにせよ、oral communicationにせよ、英語で欧米人に向かってpresentationをしようとする場合、英文の構造（構成）を▽型にすることを忘れてはならない。これは、欧米人に理解される英語を書いたり、話したりするために、きわめて基本的な、そしてきわめて重要なことである。

特に、一過性のoral presentationの場合には、まさしく決定的に重要である。

英語を△型で話されると、それを聴いている欧米人は非常にイライラする。そればかりではなく、欧米人は▽型に慣れているから、△型の英語を話されても、その要点がつかみにくいのである。さらにいえば、つねに▽型が頭にある欧米人にとって、日本人の△型のpresentationで出だしが枝葉末節的なことがらであれば、「あとは推して知るべし」と受け取られ、最後まで（つまり、そのpresenterにとっての結論まで）まじめに聴いてくれない可能性さえあり得るのである。

▽型に留意するのは、自分が英語を書いたり、話したりする場合のみではない。欧米人の英語を読むとき、話を聴くときにも同様である。すなわち、冒頭部に細心の注意を払わなければならない。読む場合であれば読み直すことができるが、聴く場合は、冒頭の"結論"を聞き逃すと全体

の内容を理解するのが困難になる。冒頭部を聞き逃しても最後の結論をしっかりと聴けば事足りる△型の日本語とは、じつに対照的である。

▶ 名詞を重視せよ

文の構造と同様、名詞の"地位"についても、日本語と英語とでは大きな違いがある。

日本語に比べて、英語では名詞の"地位"が非常に高い。つまり、名詞が果たす役割が非常に大きいのである。特に、"理系英語"の典型である科学・技術論文や技術報告書では、具象、抽象を問わず、"行為者"そのものではなく、事象を表す名詞を主語にするのが普通とさえいえる。

逆にいえば、われわれが英文を書く際に、名詞を上手に主語として使うことができれば、英語らしい英文になるということである。以下に示す例文のように、[事象を示す名詞＋一般動詞]の構文が英語らしい文である。念のために、各文の名詞（主語）には下線を引き、動詞（述語）は斜体で示す。

The <u>definition</u> of acceleration *involves* the change in velocity.

Many practical <u>situations</u> *occur* in the system.

Two nuclear <u>processes</u> *release* energy: fission and

fusion.

Many isotopes *decay* by electron emission.

Hydrogen chloride *dissolves* in water to give hydrogen chloric acid.

Some substances *absorb* certain wavelength in the visible spectrum.

次に、英文（原文）と日本文（訳文）とを読み比べてみよう。

a) The application of thermodynamics to the study of crystals *offers* a powerful quantitative tool for the investigation of important properties.
（R. A. Swalin: *Thermodynamics of Solids*, John Wiley & Sons）

b) 結晶の研究に熱力学を使うと、その重要な性質を研究するための有力な手段となる。
（上原邦雄ら訳『固体の熱力学』コロナ社）

原文 a では、名詞の "application" が主語になっている。この application は、一般に「応用、利用」と"静的"に訳されるが、ここでは「応用すること、利用すること」と

いう"動的"な内容をもっている。また、構文としては、

application	+	offer	+	tool
主語		述語		目的語

という簡単明瞭なもので、ほかの単語はいずれも、application と tool を修飾（説明）するためのものである。

訳文 b は、日本語としても訳としてもきわめて稚拙といわざるを得ない。いかに稚拙であるかは、b の文を読んで、原文 a の内容が得られるかどうかを確かめてみればよい。

まず、b には主語がない（主語がなくても通用するのが日本語の特徴の一つではあるが）。訳文 b の中で、原文 a の主語である "application" に対応するのは "使う" だが、それは主語になっていない。さらに、原文の内容を考えれば "quantitative（定量的）" は key word の一つであるが、訳文ではそれが無視されている。

確かに、原文 a を自然な日本語の文に訳すのは容易ではないかもしれない。特に、原文の英語の単語に忠実に訳そうとすれば、自然な日本語になりにくい。次の 2.3 節でも強調したいことなのであるが、英語を "読む" とき、それをいちいち日本語に訳そうとしないことである。英語は英語のまま、その内容を理解すべきである。

2.3 「読む力」と「書く力」

▶ 英語を"読む"とはどういうことか

　学校英語といって私がすぐに思い出すのは、数ページの英文を読むのに1時間も2時間も費やす講読の授業である。数ページの英文を読むのに1時間も2時間もかけるのだから、50ページにも満たないような読本（text）を読み終えられないうちに、その講義は時間切れになってしまったことを懐かしく思い出す。

　講読（訳読）では、英和辞典を片手に一つひとつの英語を日本語に置き換え、語順をひっくり返して「……であるところの〜はｘｘである」という具合に"訳しながら読む"。いってみれば、暗号解読のような作業である。

　あたかも暗号を解読するように、数ページの英文に数時間もかける行為を、本書では"読む"とはいわない。今後、そのような読み方を「訳読」とよび、本書の"読む"と区別することにする。

　われわれが"読む"というのは、書かれている内容を理解するということである。われわれはもちろん、内容を理解するために読むのであるから、速く読めばよいというものではない。特に"理系英語"では、数値や論理を正確に理解する必要があることはいうまでもない。

　ここで強調しておきたいのは、たとえきわめて正確に内容を把握できたとしても、数ページの英文を読むのに数時

Chapter 2
理系英語とはどのようなものか

間も要するようでは、実戦的な意味での"読む"にならないということである。

たとえば、辞書を使わずに次の英文を通読(訳読ではない)していただきたい。

内容は「光」であるが、これを選んだのは、物理学の分野で長年、仕事をしてきた私を悩まし続けているのが「光」であり、いまだによく理解できないのが「光」だからである。個人的な理由をご容赦願いたい。

WHAT IS LIGHT?

Without light we cannot see the world around us, yet we still don't know exactly what light is!

We know light is a form of energy. Its speed can be measured and the way it behaves is known to us. We also know that white light is not a special kind of light — it is a mixture of all colors. We call this "the spectrum."

We also know that color is not in the objects seen — it is in the light by which they are seen. A piece of green paper looks green because it absorbs all the color except green, which reflects to the eyes. Blue glass allows only blue light to pass through it; all other colors are absorbed in the glass.

Sunlight is energy. The heat in rays of sunlight, when focused with a lens, will start a fire. Light and heat are reflected from white materials and absorbed by black materials. That's why white clothing is cooler than black clothing.

But what is the nature of light? The first man to make a serious effort to explain light was Sir Isaac Newton. He believed that light is made up of corpuscles, like tiny bullets that are shot from the source of the light. But some of the things that happen to light couldn't be explained according to this theory.

So a man called Huygens came up with another explanation of light. He developed the "wave" theory of light. His idea was that light started pulses, or waves, the way a pebble dropped into a pool makes waves.

Whether light was waves or corpuscles was argued for nearly 150 years. The wave theory seemed to be the one that most scientists accepted. Then something was discovered about the way light behaves that upset this theory.

Where does science stand today about light? Well, it is now believed that light behaves both as particles and as waves. Experiments can be made to prove that it is one or the other. So there just doesn't seem to be a single satisfactory answer to the question of what is light.

(A. Leokum: *Tell Me Why*, Grosset & Dunlap)

理系の読者であれば、light（光）の物理的な理解はさ

Chapter 2
理系英語とはどのようなものか

ておき、この英文の意味がわからないということはないだろう。知らない単語もほとんどないはずだ。せいぜい"corpuscle"くらいではないかと思うが、この単語の意味は、直後に"like tiny bullets that are shot from the source of the light"と説明されているので、本文の内容を理解するのに支障はないだろう。もし、上掲の英文中に意味のわからない単語が10も20もあるようであれば、それは理系英語以前の問題と思われるので、まずは基礎的な英語力を身につけるように努力していただきたい。

さて、上掲の英文を"読む（内容を理解する）"のに、どれくらいの時間を要しただろうか。5分以内で読めた人は、とりあえずは十分な英語読解力をもっているといってもよいだろう。

ここで"読めた"ということの中味には、数段階のlevelがある。最高の、そしてわれわれが目指すlevelは、英語を読む（この場合は、英文を目で、あるいは声を出して追うことで、readingの意味である）speedと内容を理解する（understand）speedとが同じであることである。つまり、readingがそのままcomprehending（= the mind's act or power of understanding）になっているlevelである。

英語を目で読む「黙読」と声を出して読む「音読」とを比べれば、いうまでもなく黙読のほうが速い。上掲の英文をnatural speedで音読するには2分〜2分30秒ほどかかると思うが、黙読では1分30秒前後であろう。つまり、この文に書かれている内容を理解し得る知識をもつ

English native や、彼らと同等の知識と英語力をもつ日本人は、上掲の英文を1分30秒前後、せいぜい2分程度で"読む"ということである。いずれにせよ、この場合は英語を英語として読んでいるのであり、そこには日本語は介在していない。

われわれが目指すのは、この"英語を英語として読む (understand)"ことなのである。そして、そのための日常的訓練として不可欠なのが、「英和辞典を使わずに英英辞典をひたすら"読む"」ことである。

● 理系の文章・論文は、英語のほうがわかりやすい

われわれが"読む"ものは、幸い「文学作品」ではなく、"理系英語"である。それには、

1）科学・技術論文
2）科学・技術解説
3）科学・技術記事
4）技術報告書
5）説明書（技術、取り扱い、など）

などが含まれる。

いま、"幸い「文学作品」ではなく"と書いたのは、各国の"文化・歴史・風土"に依存しない"理系英語"は文学作品（小説、詩など）と比べ、内容を理解するのがきわめて容易だからである。

じつは、前掲の "WHAT IS LIGHT?" は、アメリカの少

Chapter 2
理系英語とはどのようなものか

年少女向けのやさしい英語で書かれたものであった（だから私は「5分以内で読めた人は、とりあえずは十分な英語読解力をもっているといってもよいだろう」と書いたのである）。

次に、アメリカの一般的科学・技術雑誌の一つである *Solid State Technology* に掲載された実践的な記事（article）の一部を読んでいただきたい。超大規模集積回路（very large scale integration: VLSI）に使われる半導体結晶（Czochralski silicon）の話である。専門用語（technical term）については、気にせずに読み流していただいてかまわない。私自身にとっては、自分が関与した英文が、どのように日本語に訳されるのか、という興味もあって選んだものである。

Single crystal Czochralski silicon will continue to be the dominant material for VLSI fabrication and will carry us into the Ultra Large Scale Integration era. Comprehending the interrelationships among silicon material characteristics, integrated circuit fabrication and circuit design/performance is crucial to the successful fabrication of VLSI circuits. The winner in attaining economically viable circuits will be those silicon wafer and IC manufacturers who develop the close working relationships that are required to effectively design and fabricate advanced IC products.

(H. R. Huff and F. Shimura: *Solid State Technology,*

March 1985)

以下は、上掲の英文の日本語訳である。

チョクラルスキー単結晶シリコンは、今後ともVLSI製造における主要な材料であり、ULSI時代を拓いてゆくだろう。シリコン材料の特性、ICの製造、回路の設計／性能、などの相互関係を理解しておくことは、VLSI回路の製造を成功させるうえで重要なことである。経済的に引き合う回路を実現させる、という点での勝者とは、先端的なIC製品を効果的に設計・製造するのに必要な、緊密な協調関係をシリコンウェーハメーカーとの間で発展できるIC製造メーカーといえよう。

（日本語版『Solid State Technology』May 1985、訳者は不明）

原文の意味に忠実ではない訳が一部に見られるが、ほぼ同一内容の文と考えてよいだろう。これら英語と日本語で書かれた同一内容の記事を読んだとき、読解力や理解に要する時間に差があれば、それがそのまま読み手の英語力と日本語力の差を意味することになる。

しかし、ここで読者に留意していただきたいのは、理系の記事の場合、われわれ日本人にとって、必ずしも日本語で書かれた文章のほうが英語で書かれたものよりわかりやすいとは限らないことである。これは、われわれ日本人にとって、きわめてありがたく心強い、理系英語の特徴の一

つといえる。

　正直にいえば、上掲の記事の場合、私には日本語訳よりも英語原文のほうが smooth に読める。ここに掲げた英文は私自身が共著者として関与したものなので、その分を差し引いて考えなければならないが、理系の文章の場合、ある程度以上の英語力をもった人にとっては、英語のほうが日本語より読みやすい、ということになるだろうと思う。

　ただし、この場合の"読みやすい"とは、"内容の論理性を理解しやすい"という意味である。念のために書き添えるが、これはあくまでも理系の文の場合であって、私は文学作品の場合は逆のことが多々あることを経験している。

▶文法こそが決定的に重要である！

　理系の文の場合、日本語訳よりも英語原文のほうが読みやすいということには、稚拙な翻訳あるいは翻訳の限界ということも無視できないかもしれないが、私は英語と日本語の本質的な違いによるものと思う。それは主として、英語と日本語に求められる論理性の違いであり、具体的にいえば"文法"の違いである。本書では、この"文法"を強調するのであり、それを詳述するのが第3章である。何度も同じことを繰り返すが、英語を正確に読み、正確に書くうえで、文法は決定的に重要である。

　当然のことではあるが、国際共通語である英語で書かれる科学・技術書、論文、記事は、一介の local language にすぎない日本語で書かれるものよりも圧倒的に多い。日本

語と同等とまではいかなくても、ある程度の英語読解力（実戦的な理系英語読解力！）を身につけることができれば、理系のわれわれにとって、それは情報収集の点でも大きな戦力となる。

また、論文と同じように、優れた専門書、教科書も英語で書かれていることが多いという事実から、私は、少なくとも自分の分野の Bible 的専門書・教科書は原書で読むことを勧めたい。私は、私自身の経験から、それによる「一石二鳥」以上の効果・メリットを保証する。もちろん、そのような専門書・教科書は日本語に訳されていることが多いので、純粋に知識獲得のことだけを考えれば日本語訳を読めばよいのであるが、そうした翻訳本には誤訳の可能性が少なからずあることも否めない事実である

私がまだ日本にいた当時、日本語に訳されたある専門書を読んだことがある。アメリカの大学に勤めるようになって、その本の原書を読んでみたら、邦訳版の中で何度読んでも意味がよくわからなかった箇所が誤訳であったことが判明した。よくよく考えてみたら、その本を翻訳した人は、必ずしもその分野の専門家というわけではなかった。そもそも"専門書"なのだから、専門的な知識がなければ100％正しい翻訳は困難である。

また、英語と日本語の構造の違いからも、翻訳そのものに限界があるわけで、ある程度の"誤訳（不適訳）"は仕方のないことでもあろう。

専門書や教科書を英語の原書で読んだほうがよいと思うのは、前述のように理系の文の場合、日本語よりも英語の

ほうがわかりやすいからである。日本語よりも英語のほうが言語として厳格なので、厳格さが求められる理系の文には英語のほうが適している。私はいままで、何冊もの英語原書と日本語翻訳書を読み比べてきた経験があるので、そのことを自信をもって断言できる。本書の読者にはぜひとも、まずは、自分の分野のBible的専門書・教科書の原書読破に挑戦していただきたい。読了後には、英語読解力が一段と向上していることを保証する。

▶「書くため」に「読む」と心得よ

ここで、「何のために読むのか」に対し、別の視点からの一つの答えを述べておきたい。

それは、「書くために読む」ということである。本書の主目的は「英文を正確に書ける能力（書力）」を習得することにあるが、それは「英文を正確に読める能力（読力）」があってのことである。

ここで、読者のみなさんにぜひお勧めしたいのが、subtitleが "ACCIDENTAL DISCOVERIES IN SCIENCE" のR. M. Roberts: *Serendipity*（John Wiley & Sons）という本である。私は長年、同書を大学の「上級：科学技術英語」講義の text として使ってきた。"serendipity" は Ceylon（セイロン）の旧称である "Serendip" を語源とする言葉で、"the natural ability to make interesting or valuable discoveries by accident" の意味である。この本がどのようなものであるかを知っていただくために、以下にIntroductionの一部を引用する。"serendipity" の意味を

考えながら読んでいただきたい。

Most of the persons who have been blessed by serendipity are not reluctant to admit their good fortune. Far from being defensive about the role that chance played in their discoveries, they are usually eager to describe it. They realize, I believe, that serendipity does not diminish the credit due them for making the discovery.

I have coined the term *pseudoserendipity* to describe accidental discoveries of ways to achieve an end sought for, in contrast to the meaning of (true) *serendipity*, which describes accidental discoveries of things not sought for.

I believe many of the fortuitous accidents that have resulted in the discoveries described in this book should be called pseudoserendipitous, which does not necessarily make them less important. In some examples I point out the distinction between the two classifications; in other instances you may decide whether the discovery was serendipitous or pseudoserendipitous. In either case it is a discovery worthy of our interest and admiration.

For each of the examples described here, there must be hundreds of others of which I am unaware. I hope that this book will be a stimulus for you, if you have encountered serendipity in your own experience or if you know of others who have, to bring these stories to my attention so that I can include them in future editions of the book.

具体的には、the principle of Archimedes に始まり、quinine、the law of gravitation、electromagnetism、vaccination、celluloid and rayon、nylon、Teflon、DNA ……など、36の「発見・発明物語」が書かれており、理系の英文 text として一石二鳥以上に楽しめる本である。

●「どのように」読むか ── block 読みの勧め

いま"読む"の意味について定義したが、続いて、英語の4技能向上のためにどうしても必要な"英文の reading の仕方"について述べる。

第一に肝要なのは、英文を単語ごとに読むのではなく、"塊（block）"ごとに読まなければいけないということである。英文を block ごとに聴き取ること、話すことは、oral communication の場合には必要不可欠であるが、同じことが英文を"読む"場合にもいえる。

しばしば例に使われることであるが「ベ・ン・ケ・イ・ガ・ナ・ギ・ナ・タ・ヲ・モ・ツ・テ……」と読んだのでは、あるいは話したのでは「弁慶がな、ギナタ（？）をも

って……」なのか「弁慶が、薙刀をもって……」なのか、さっぱりわからない。これは、どんな言語にも共通のことだ。

英文を block ごとに読むということは、音読であれ黙読であれ、まとまりのある意味ごとに"読む（理解する）"ことであり、速読あるいは自然な速さ（natural speed）で英文を読むためにどうしても必要である。

次の例文を使って、block 読みを試してみよう。各 block は"／"で、文は"｜"で区切ってある。

When ／ Sir Isaac Newton ／ passed a beam of sunlight ／ through a glass prism, ／ he proved ／ that sunlight is ／ made up of colors. ｜ As the light was bent ／ by the prism, ／ it formed a spectrum.

Most people ／ can see ／ six or seven colors ／ in the spectrum, ／ but with instruments, ／ more than 100 colors ／ can be seen in it. ｜ But ／ white light is ／ really made up of ／ three basic colors ／ which are called ／ "the primary colors." ｜ They cannot be made ／ from any other colors. ｜ The primary colors of light ／ are orange-red, green, and violet-blue.

(A. Leokum: *Tell Me Why*, Grosset & Dunlap)

学校英語では、このような英文を

When ／ Sir Isaac Newton ／ passed ／ a ／ beam ／

Chapter 2
理系英語とはどのようなものか

of / sunlight / through / a / glass / prism, / he / proved / that / sunlight / is / made / up / of / colors.

と単語ごとに"分割読み"し、逐語訳する。英語と日本語とでは、主語、述語、目的語などの語順が異なるから、英文を日本語に訳そうとすると、どうしても1つの文の中で行ったり来たりしなければならない。たとえば、上掲の最初の英文を訳読しようとすると、

[Sir Isaac Newton] → [a beam of sunlight] → [a glass prism] → [through] → [passed] → [when] → [he] → [sunlight] → [of colors] → [is made up] → [proved]

の順に訳すことになるだろう。

このように外国語の語順を日本語の語順に変えて訳読するのは、漢文の"書き下し文"以来の日本人の伝統である。たとえば、

　　空山不見人
　　但聞人語響
　　返景入深林
　　復照青苔上
　　　　　（王維「鹿柴」）

という漢詩を、日本人は次のように書き下して読む。

空山（くうざん）　人（ひと）を見（み）ず
但（た）だ　人語（じんご）の響（ひび）くを聞（き）くのみ
返景（へんけい）　深林（しんりん）に入（い）り
復（ま）た　青苔（せいたい）の上（うえ）を照（て）らす

　漢文を書き下して読むのは日本人の偉大な発明の一つであり、それによって漢詩の意味も十分に理解できる。また、詩吟などでも味わい深いものである。しかし、漢文の本当の味を知るには、妨げとなるものであることは否めない。したがって、上掲の漢詩を本当にnativeの感覚で味わうには、

kōng shān bú jiàn rén
空　山　不　見　人
dàn wén rén yǔ xiǎng
但　聞　人　語　響
fǎn jǐng rù shēn lín
返　景　入　深　林
fù zhào qīng tái shàng
復　照　青　苔　上

のように、行ったり来たりすることなく、左から右へ（縦書きの場合は、上から下へ）順に読まなければならない。
　中国語（漢文）の構造（主語・述語・目的語）は英語と同様だが、日本語のそれは異なっており、そのように異なった言語を母国語とする国民の思考過程は互いに異なっている。そのような英語を日本語に置き換える「書き下し

文」的訳読は、英語を英語として理解するうえで、また速読読解のうえでも大きな妨げとなる。

したがって、英文の中で行ったり来たりしながら訳読することなく、左から右へ順に流れるように読んで、英文の意味を理解できるようになるための訓練が必要である。何度も繰り返すが、訳読はダメである。日本の学校英語で叩き込まれた訳読の悪癖から一刻も早く脱出しなければならない。

上掲の英文では、block 読みの意味を理解していただくために block を細かく区切ったが、英語力が高まるにしたがって block は大きくなり、その数は少なくなる。たとえば、

When Sir Isaac Newton passed a beam of sunlight through a glass prism, ／ he proved that sunlight is made up of colors. ｜ As the light was bent by the prism, ／ it formed a spectrum.

Most people can see six or seven colors in the spectrum, ／ but with instruments, ／ more than 100 colors can be seen in it. ｜ But white light is really made up of three basic colors ／ which are called "the primary colors." ｜ They cannot be made from any other colors. ｜ The primary colors of light ／ are orange-red, green, and violet-blue.

といった具合に読めるようになる。

つまり、より大量の情報が一度にblockとして目に飛び込んでくるようになり、"読む"速さが増すのである。単語ごとの逐語訳、あるいは訳読をしていたのでは、実戦的な英語速読力はいつまでたっても向上しないことを断言しておく。

▶「読解力」強化法

英語の読解力（読む力）を高める基本は、次の3箇条である。

1）英語以前に、その分野の知識を充実させること
2）語彙（vocabulary）を増やすこと、つまり、単語力を強化すること
3）英文を考えながら多読し、英語の構造に慣れ、英語の感覚を身につけること

いずれにしても、"There is no royal road to learning."を肝に銘じていただきたい。

まず、1の「関連知識の充実」の重要性について述べる。

その分野の知識の有無・多少は、結果的に英語読解力に大きく影響する。英字新聞や英字週刊誌を読んだ人であれば誰もが経験していると思うが、英語で書かれた記事の内容を事前に日本語の新聞、あるいはテレビのニュースなどで知っていた場合には、比較的スラスラと読めるものである。知らない単語がいくつかあるような場合でも、辞書で

Chapter 2
理系英語とはどのようなものか

調べることなく、その単語の意味を推量して読み進められるだろう。

たとえば、101〜102ページに掲げた "WHAT IS LIGHT?" を読む場合、「光」についての知識の有無で理解度に雲泥の差が生じるはずだ。

何語であれ、その基本単位が単語であり、その総体としての語彙（vocabulary）が基盤であることはいうまでもない。英文を実際に読む力を高めるためには、英語の語彙を増やし、充実させなければならない。問題は、いかにして語彙を増やし充実させるかであるが、一般的な語彙力強化法については 2.1 節で述べたとおりである。結局、自分が必要とし、運用できる語彙を増やすには、自分の分野の英文を考えながら多読することが、最も地道ながら最も有効で、実戦的英語力に結びつく方法である。

考えながら多読するうえで、つねに念頭に置いて実行していただきたいのは、次の点である。これらは、本書の主目的である「書く力」の強化のみならず、「聴く力・話す力」の強化にも大いに有効である。つまり、英語の4技能を強化するための普遍的な心得なのである。

1）まず、読もうとする1つのまとまった英文（article、text）をなるべく速く通読（環境が許す限り音読）する。その際、意味や発音のわからない単語に下線を引く。
2）わからない単語の意味、発音記号、stress の位置を英英辞典で調べ（原則として英和辞典は使わな

117

い)、ノートに書き留める。このとき、必ず例文や使用例を書いておく。英文中の単語に直接 stress の位置を記すのはよいが、意味を書き込むのはいけない（英語→日本語の訳読の悪癖から脱するのを妨げるからである）。
3) わからなかった単語の意味を知ったうえで、冠詞、名詞の単数・複数形に注意しながら、もう一度通読（音読）する。
4) 前述の "block 読み" で全体を通読（黙読）する。

　理系の英文 article（= piece of writing, complete in itself, in a newspaper or other periodical）は、最初から最後まで "論理の積み重ね" の流れが貫かれている。したがって読み手としては、その "論理の積み重ね" を理解しなければならない。

　英文、ひいては英語の "感覚" に慣れるためには、上述の多読が効果的であるが、究極的には、重要な点を逃さずに注意して読む精読が必要である。"精読" というと、「時間をたっぷりかけて読むこと」という印象があるが、すでに述べたように、英文を実戦的に読むためには、時間をたっぷりかけるわけにはいかない。理想をいえば、speedy に article の要点をつかむ、ということである。

　1つのまとまった英文（article）を読んで、その論理的展開、要点が理解できたか否かは、その内容を図示、あるいは flow chart のようなもので表現できるかどうかで確かめられる。次の英文を、上記の 1〜4 にしたがって精読

Chapter 2
理系英語とはどのようなものか

してみよう。3.1 節で詳しく述べるが、英文の"論理の積み重ね"において、きわめて重要な役割を果たす冠詞に注意を払って読んでいただきたい。

An earthquake is a trembling or vibration of the earth's surface. Notice the word "surface." That means just the crust of the earth. An earthquake is usually caused by a "fault" in the rocks of the earth's crust — a break along which one rock mass has rubbed on another with very great force and friction. The energy of this rubbing is changed to vibration in the rocks. And this vibration may travel thousands of miles.

Now these earthquake vibrations are kind of wave motion which travels at different speeds through the earth's rocky crust. Because they have such a long distance to go, and are traveling through rock, by the time they reach your town you can't even notice them. But the seismograph can. This is how it works.

Imagine a block or slab of concrete. Sticking out of this slab is a chart that is fixed to it. It is parallel to the ground, like a sheet of paper. Above it, a rod sticks out from which is hung a weight. At the bottom of the weight is a pen, which touches the chart. Now comes an earthquake wave. The concrete block moves and the chart with it. But the weight, which is suspended, doesn't move. So the pen makes markings on the chart as it moves and we get a record of the earthquakes. Of course, this instrument is arranged very delicately so the slightest motion will be recorded.

(A. Leokum: *Tell Me Why*, Grosset & Dunlap)

　この article の最終 paragraph の "Imagine" 以下の説明（斜体）を実際に imagine して、"this instrument" の概略図を描いていただきたい。このとき、不定冠詞と定冠詞をきちんと見極めることが重要である。この paragraph を論理的に精読できれば、概略図が描けるはずだ。

　参考のために、私の imagination の結果を 122 ページの図 6 に示しておく。ぜひ一度、読者自身の手で描いてみたあとで、確かめていただきたい。

▶「何を」「何のために」書くか——日本語からの英訳はダメ!

　104 ページに、われわれが"読む"ものを列挙したが、われわれが"書く"ものもまったく同じである。つまり、

1) 科学・技術論文
2) 科学・技術解説
3) 科学・技術記事
4) 技術報告書
5) 説明書（技術、取り扱い、など）

である。だからこそ、"読む"訓練が"書く"訓練に直結するのである。

Chapter 2
理系英語とはどのようなものか

　この場合の"書く"とは、学校英語における「英作文」や「和文英訳」のことではなく、「論述する」(state = express in words especially *carefully, fully and clearly*) ことである。

　英語で論述ができるようになるまでの初級段階としては、英作文あるいは和文英訳の練習が必要かもしれない。しかし、英語による論述は、日本語を英語に訳す (translate = give the meaning of something said or written in another language) ことより、いっそう高度な能力と技術を要するものである。それは、英語自体の技能はもとより、英語以前の知識と能力をも含む。

　後述するように、英語で論述する場合、私は自分自身の経験から、一度日本語で書いたものを英語に translate することは避けるべきだと考えている。日本語を経由することなく、英語で直接、論述できるようになる必要がある。これは"書く"場合のみならず、"話す"場合にも当然にして求められることである。それは、すでに述べたように、英語と日本語の構造があまりにも異なるからである。日本語で書いたものを英語に translate したのでは、決して英語らしい英語にはならない。

　プロローグでも触れたとおり、2017年のノーベル文学賞は日本出身の英国人作家であるカズオ・イシグロ氏に与えられた。日本の mass media は早速、「川端康成、大江健三郎に次ぐ日本人（日本出身）3人めのノーベル文学賞」と騒いだ。

　じつは、川端康成や大江健三郎の「ノーベル文学賞」の

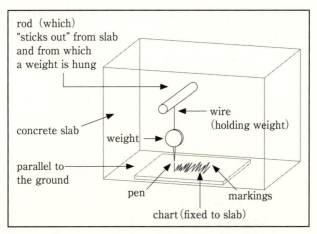

図6 imagine した "this instrument" の概略図

栄誉の半分（少なくとも 45%）は翻訳者に与えられるべきだ、というのが私のかねてからの考えである。日本語に限らず、ノーベル文学賞審査委員が読める言語以外の言語で書かれ、それが国際共通語（英語）に翻訳された場合も同じことである。大江健三郎の小説の翻訳については詳しくは知らないが、川端康成の小説が「世界」で評価されたのはサイデンステッカー（Seidensticker）の名訳（英訳）があってのことであるのは間違いあるまい。サイデンステッカーのような名翻訳家なくして、川端康成のノーベル文学賞受賞はあり得なかったであろう。

今回のカズオ・イシグロ氏のノーベル文学賞受賞は、川端康成、大江健三郎の受賞とはまったく異なる意味をもっている。イシグロ氏自身が英語で書いた小説が直接評価さ

Chapter 2
理系英語とはどのようなものか

れたものだからである。私は、イシグロ氏を川端、大江と同列にしては、イシグロ氏に対して失礼であると思う。

◉「英語→日本語」で失敗した実体験

いま述べた「日本語→英語」のtranslationを避ける、ということと逆の場合、つまり「英語→日本語」の場合について、私自身の経験を述べておきたい。

拙著に、18ページ図2に示した *Semiconductor Silicon Crystal Technology*（Academic Press, 1989）があるが、これは日本語を介することなく直接、英語で書いたものである（もちろん、信頼できるEnglish nativeの校閲を受けている）。この本の刊行から3年後、増補改訂版というべき日本語版の執筆依頼を日本の出版社から受けた。私は、すでに英語の原本はあるのだから、「増補改訂版」の大半は自分が書いた英語を私の母国語である日本語に翻訳するだけで簡単にできると高をくくっていた。

そして実際に、英語原書の日本語訳作業に着手したのであるが、自分が書いた英語であるにもかかわらず、どうtranslateしてもまともな日本語にならないのである。そのときに感じた私のイラツキは何とも表現しがたいが、私は結局、「translation」を諦めて、最初から日本語で書き直したのである（『半導体シリコン結晶工学』丸善、1993）。

英語⇔日本語のtranslationでは、いずれの言葉も自然なものになりにくい。これは、私自身の実体験に基づく結論である。

以下、参考のために Semiconductor Silicon Crystal Technology と『半導体シリコン結晶工学』の Preface（まえがき）の共通部分の英語と日本語を掲げる。繰り返しになるが、日本文は英文を翻訳したものではない。英文の内容を参考にしつつ、独立的に書かれたものである。

Silicon, which has been and will be the dominant material in the semiconductor industry, will carry us into the ultra-large-scale integration (ULSI) era. As the technology of integrated circuits (ICs) approaches ULSI, the performance of ICs is proving to be more sensitive to the characteristics of the starting material. My experience in working on semiconductor technology at an IC device manufacturer, at an electronic materials manufacturer, and at a university has convinced me that the understanding of basic science, silicon materials, IC device fabrication processes, and their interactions is indispensable for improving both the materials and processes, and ultimately for achieving high performance of ICs. Moreover, I strongly believe that engineers who have electronic device backgrounds should understand materials science more and those who have materials science backgrounds should understand device characteristics more. Although silicon is unarguably the most important material in the electronics and information era, no single source has covered

Chapter 2
理系英語とはどのようなものか

the entire silicon crystal technology, from raw materials to silicon crystal modifications during the IC fabrication processes.

シリコン（Si）は半導体デバイスの最も基本的かつ支配的な基盤材料である。

非科学的な表現を赦してもらうならば、シリコンはまさに"神からの授かりもの"と思えるほど、その諸特性は比類なきものである。人類の英知がシリコンを"物質（substance）"から"材料（material）"まで高め、今日の「硅石器文明」を築いた。周知のように、デバイス材料としてのシリコンにはいくつかの物理的限界がある。それはあたかも、神が人類の英知と進取の精神に期待して残した課題のようでもある。人類は神の期待に応えるかのように、化合物半導体や超伝導体あるいは超格子材料など種々の"人造材料"を発明し、「硅石器」を補完してきた。その結果、現在は「ネオ硅石器文明」の時代になっている。しかし、いずれにせよ、シリコンが今後も支配的なデバイス基盤材料であり続けることは間違いない。

本書は、シリコンを"物質"から"材料"に高めた科学と技術の一端に触れるものである。

筆者は半導体デバイスメーカと半導体材料メーカで研究生活を送った後、現在は大学で研究と教育に従事している。この間の経験から、"高度の"半導体デバイス製造のためには、基礎科学、材料とデバイス製造プロセスとの相

互作用の"高度の"理解が不可欠である、ということがいえる。さらに筆者は、デバイス技術者は"材料"をより深く理解すべきであるし、同時に材料科学・技術者は"デバイス"をより深く理解すべきであることを痛感している。

ところで、われわれは「何のために」理系英語で文章を書くのか。

いわずもがなのことではあるが、はっきりさせておかなければならない。

いまここで、われわれが考えている、120ページに掲げた1〜5の文書を書く目的は、自分（たち）がいいたいことを、一般的には不特定多数の他人に理解してもらう、少なくとも読んでもらうことにある。まずは、読んでもらえなければ話にならない。自分自身のために書き、自分さえ読めればよいメモや日記とは、この点で根本から事情が異なる。

▶「どのように」書くか

不特定多数の他人に理解してもらう、少なくとも読んでもらうために書くのだから、いうまでもなく、その文章は対象とする読者にとって読みやすく、わかりやすいものでなければならない。

理系の文章の使命は、文学作品などとは異なり、事実を客観的に述べることであるから、その内容が一義的に読めるものでなくてはならない。このような文章を、英語を母

Chapter 2
理系英語とはどのようなものか

国語としないわれわれ日本人が英語で書こうとするのだから、決して容易なことではなく、特別の注意と努力が欠かせないのは当然である。

いま、対象とする"読者"は"不特定多数の他人"であると述べたが、この"読者"の興味、知的 level はさまざまである。

同じ内容の article であっても、たとえば、その道の専門家が集まる委員会向け、学会向け、一般雑誌向けなどによって、どのような語句や illustration を使うか、どれくらい詳しく書くか、基礎的なことにどれくらい触れなければならないか、などは異なるはずであるし、異ならなければならない。いずれにせよ、"書かれるもの"は対象とする読者の要求にピッタリと応えるものでなければ、せっかくの努力が徒労に終わってしまう可能性がある。これは、英語に限った話ではなく、日本語の場合でもまったく同じである。

対象とする読者が誰であれ、大切なことは「想定する読み手の立場に立って書く」ということである。一般に、科学者や技術者は"他人に読んでもらうためのもの"であることを忘れ、独善的になりがちなので注意が必要である。

どのような内容の文章を書くにせよ、書き手は対象とする読者を次のような観点からはっきりと意識することが必要である。

○その文書の内容について、「何を」「どれだけ」知っているのか

○読者は「なぜ」、「どのような目的で」その文書を読むのか

　一言でいえば、われわれが目指すのは「一義的に理解できる英文を簡潔に書く」ことであり、"express in words especially *carefully, fully and clearly*" を思い浮かべてほしい。"理系英語"において最も基本的なことは、

1）論理の積み重ねの文章である
2）主語を明確にする
3）言葉のアヤを避ける
4）冠詞、名詞、前置詞に注意する
5）冗長句や冗長語を避ける
6）短い文を書く

などであろう。
　ところで、考えてみれば当然のことなのだが、私がアメリカで仕事をしていたときに知ったことの一つは、アメリカ生まれのアメリカ人（native American）が書く英語も千差万別で、はっきりいえばピンからキリまであるということである。知的世界にあっても、まことに立派な英文を書くnative Americanもいれば、まことに稚拙な、読むに堪えない英文を書くnative Americanもいる。ちなみに、"Native American"は「アメリカ・インディアン」やアラスカのイヌイットらのアメリカ大陸先住民を指すが、native Americanはアメリカ生まれのアメリカ人のことな

ので、両者をきちんと区別しなければならない。

以下は、私が実際に経験したことである。

私の研究 group で仕事をしていた研究者（彼は物理学の博士号をもつ native American である）が書いた論文草稿の英語がひどいものだった。とにかく、論理、文章の構成に難があるし、一つひとつの文が簡潔明瞭に書けていない。不適当な語彙も多い。私もその論文の共著者であり、その研究の統括責任者でもあったので、何度も真剣に読み返したが、頭が痛くなるばかりだった。

英語が第2言語である私の意見だけでは心もとないので、信頼できる複数の native American 研究者に意見を求めたところ、私とほぼ同一の見解を得た。結果的に、その論文は何度かの改稿の末に投稿し、無事 publish されたのだが、私にとっては、native American の英語力が千差万別であることを実感したきわめて貴重な経験であった。

このことはもちろん、oral English にもいえることである。だから私は、日本全国無数にある「英会話学校」で、どのような「教師」が英語を教えているのだろうか、と余計なお節介ながらも心配になる。在米中、「ワタシ、ムカシ、ニッポンニイタコトガアリマス」という片言の日本語を話すアメリカ人に少なからず会ったことがあるが、native Japanese である私が、彼らが話す日本語を聞けば、それが「どのような場所」で「どのような人」から学んだ日本語であるか、おおよその見当がつくものである。まったく同様のことが英語を学ぶ日本人にもいえるので、注意が必要である。

たとえ教養ある日本人であっても、彼らが書く日本語に明確な優劣があることを考えれば、native Americanの英語力が千差万別であることは別に不思議なことではない。われわれが英語を学習するうえで、「アメリカ人あるいはイギリス人の英語は必ず模範となるもの」などと誤解しないことも大切である。さらに重要なことは、われわれが習得しようとしているのは「こんにちは」とか「今日はいい天気ですねえ」といった「日常会話」英語ではなく、厳格な使命をもつ理系英語である。特別の勉強、努力が必要なことはいうまでもない。

だからこそ、前掲の *The Craft of Scientific Writing*（M. Alley, Springer, 1996；志村史夫編訳『理科系の英文技術』朝倉書店、1998）のような本が、アメリカでロングセラー（long-term seller）になっているのである。参考のために、この本の第1章 "Introduction" の冒頭部分を以下に引用しておきたい。

Many people underestimate how difficult scientific writing is. One aspect that makes scientific writing difficult is the inherent complexity of the subject matter. Some subjects such as eddies in a turbulent flow are complex because they are so random. Other subjects such as the double helix structure of DNA are complex because they are so intricate. Still other subjects such as the quantum orbits of electrons are complex because they are so abstract.

Besides the inherent complexity of the subject matter, a second aspect that makes scientific writing difficult is the inherent complexity of the language. Scientific language is full of specific terms, unfamiliar abbreviations, and odd hyphenations that you don't find in other kinds of writing.

▶略語はむやみに使うな、創るな

最近の日本語では、外来語（カタカナ語）と alphabet の略語（あるいは私には意味がまったくわからない"記号語"）の増加が著しく、それらのために 1 冊の辞典が必要なほどである。企業名も alphabet の羅列で、私には何の会社なのかさっぱりわからないものが少なくない。

略語辞典を調べてみると、略語の大半が国際的機関の略称と科学・技術用語の略称で占められていることがわかる。技術用語の中では、IT（私も思わず、略語を使ってしまった！）すなわち information technology（情報技術）や分析機器関係の語が圧倒的に多い。

たとえば、次の文を見ていただきたい。

For the first year, the links with SDPC and the HAC were not connected, and all required OCS input data were artificially loaded. Thus, CATCH22 and MERWIN were not available.

（前掲 *The Craft of Scientific Writing* より）

このような文は、門外漢にとっては暗号以外の何ものでもなく、とても読む（理解する）ことなどできない。理系英語であれば、多少の専門用語を使うことは避けられないが、もし、より多くの、あるいは一般的読者に読んでほしいと考えるのであれば、その分野の専門家だけに通じるような略語は使うべきではない。そして、どうしても使わなければならない場合には、初出時にきちんと説明すべきである。

　たとえば、"ABC"という略語から何を思い浮かべるだろうか。

　普通の英語としての"ABC"には、日本語の「いろは」と同じように「物事の基本原則、初歩、基礎」の意味があるが、略語"ABC"について、代表的な大型英和辞典の『ランダムハウス英和大辞典（第２版）』（小学館）には、"Aerated Bread Company（チェーン喫茶店の名前）"、"airway, breathing, circulation"、"American-born Chinese"、"American Broadcasting Company"、"atomic, biological, and chemical"、"Audit Bureau of Circulation"、"Australian Broadcasting Corporation"、"Advance Booking Charter"、"Alcoholic Beverage Control"が載っている。

　これらのほかにも、アメリカ国防総省が毎年発行している *Dictionary of Military Terms* の中には"advanced blade concept"、"Argentina, Brazil, and Chile（the ABC countries）"、"American, British, and Canadian"がある。さらに、テレビの明るさの自動調整機能も"Automatic Brightness Control" である。

もう一つ例を示そう。

読者は、"PL" という略語から何を思い浮かべるであろうか。

高校野球ファンである私の頭に真っ先に浮かぶのは、現在は事実上の廃部状態ながら、かつての「甲子園」常連校である「PL学園」である。この "PL" は、学園の母体である Perfect Liberty 教団の頭文字である。近年、最も一般的なのは「製造物責任（Product Liability）法」を意味する「PL法」かもしれない。金融や保険業界の人であれば "partial loss（分損）" や "profit and loss（利益と損失）"、文学趣味の人であればミルトン（Milton）の叙事詩 "Paradise Lost（失楽園）" を思い浮かべるだろうか。

私の友人に、半導体結晶の評価技術の一つである「フォトルミネッセンス（photoluminescence）法」に関する世界的な仕事をした人がいるが、彼にとっても半導体結晶の世界においても、"PL" といえば100パーセント "photoluminescence" のことである。

このように、同じ "ABC" あるいは "PL" という略語であっても、それから image される実体は、分野が異なればまったく異なるものなのである。独善的に使ってはいけない。

以下に、私の友人でもある著者の、読者に対する細やかな配慮が窺える好例を示す。これは、超々大規模集積回路（Ultra Large Scale Integrated circuit: ULSI）に使われる半導体結晶中の汚染物質を分析するためのさまざまな方法

（上に示した photoluminescence〈PL〉も登場）を解説した review である。私自身は、長年この分野で仕事をした経験をもつので略語の意味がわかるが、たとえおなじ ULSI の分野で仕事をしている研究者であっても、少しでも専門が異なれば、私にとっての前掲の文のように、略語にお手上げとなるだろう。

Successful techniques for parts-per-million-atomic (ppma) and parts-per-billion-atomic (ppba) trace analysis in solid materials include neutron activation analysis (NAA), Fourier transform infrared (FTIR) and photoluminescence (PL) spectroscopies, and secondary ion mass spectrometry (SIMS). These attain good sensitivity, but highlight other shortcomings including the lack of high spatial resolution, poor surface sensitivity, and large volumes required for analysis.
　　　　（T. J. Shaffner; in *Semiconductor Silicon*, 1990）

　理系の文書においては、普通は当たり前のように使われる "ppma" や "ppba" を含め、略語がじつに几帳面に説明されている。このように一度きちんと説明された後は、略語だけを使えばよいし、いちいち full spelling で書かれるよりも簡明な場合も少なくない。
　いま述べたのは、いわば正当な略語についての一般的注意であるが、近年、やたらに略語を創出する科学者・技術者（特に日本人）がいることが私にはとても気になってい

る。もちろん、独創的な研究の産物の一つとして、新しい概念を示すような略語の創出は大いに結構であり、大きな研究成果の象徴でもある。

たとえば、2012年のノーベル医学・生理学賞に結びついた京都大学・山中伸弥教授の"iPS 細胞"のようなものがこれにあたる。この"iPS"の元の語は"induced pluripotent stem"で、"iPS 細胞"は日本語では「人工多能性幹細胞」とよばれるが、一般的には、(その意味が理解されているかどうかは別にしても)山中教授創出の"iPS 細胞"のほうが有名である。

私が気にするのは、明らかに nonsense と思われる略語が創られることである。

以下、無神経に略語を創出する人への忠告として、私自身が目の当たりにした略語創出にまつわる珍談を2例紹介しておきたい。

その1。

あるとき、日本の某企業の研究者が"Super Clean Reference Wafer"を"SCREW"と略称し、それをアメリカで開かれた国際会議で発表した。その場にいたアメリカ人はもとより、私もいささか驚愕仰天した。特に私は、日本人の同胞として赤面するのを禁じ得なかった。もちろん、"screw"の一般的な意味は「ねじ、釘、らせん状のもの、コルク抜き」であるから、"SCREW"の創出者もその"screw"に引っ掛けたものと思われる。

しかし、"screw"はアメリカの slang の一つで、以下のような意味があるのである。

> screw [skru:]《俗》——n. 1 性交：I'll give her a *screw*. あの子を抱いてやろう．2（セックスの対象としての）女、すけ：She's a good *screw*. あの子は床上手だ．
> ——v.t.〈男が〉…と性交する：How many times did you *screw* her? あの子と何度寝たの．——v.i. 性交する：There were two people *screwing* in the park. 公園で2人がやっていた．
>
> (『最新英語情報辞典 第2版』小学館)

その場にいたアメリカ人や私が驚き、赤面した理由がわかっていただけるだろう。

もちろん、当の発表者は幸い（？）この slang を知らなかったと見えて、意気揚々と新略語創出に至る研究発表をしていた。

略語を創出する場合、特にその略語に母音が含まれている場合は注意が必要である。その略語を1つの単語と見なした場合、学術用語として不適切な意味はないか、英英辞典や俗語辞典で check することを忘れてはならない。

その2。

アメリカで開かれた学会で日本の某大学の某助教授とお会いしたとき、日本の慣習にしたがって名刺を交換した。英語で書かれた彼の名刺を見て、私は失礼にもニヤッとしてしまった。日本語の「助教授（Assistant Professor）」（日本では近年、「助教授」がなくなり「准教授（Associate Professor)」とよばれるようになっている）を"英訳"したものと思われるが、"Ass. Professor"と書かれていたからである。

この"Ass."はもちろん、"Assistant（現在は Associate)"を略したのであろうが、"ass"は次のような意味をもつ英語である（必ずしも slang というわけではない）。

> ass [æs] *n*. 1 《おもに米俗》尻（しり）、けつ（buttocks）《英》arse). 2《米俗》女性の性器、膣（vagina）；性交；（セックスの対象としての）女. ……
> （前掲『最新英語情報辞典 第2版』）

せっかくの准教授も、"Ass. Professor"としたのでは"ass professor"と思われかねないので、該当者はくれぐれも注意されたし。

本項の最後に、まじめな略語に関するとっておきの秘話を披露したいと思う。

こんにち"偉大な発明"とよばれているものの中で、他の研究の"副産物"として偶然に生まれたもの（まさに109ページで触れた"serendipity"である）は少なくない。たとえば、日常生活における必需品になっている電子レンジ（microwave oven）は、レーダー（radar）研究の副産物だった。同じく、レーダー研究の副産物として生まれ、私にはトランジスター（transistor）と並ぶ20世紀最大の発明と思われるものが、レーザー（laser）である。

いまでは普通名詞として扱われている"laser"だが、じ

つは "light amplification by stimulated emission of radiation（放射の刺激放出による光の増幅）" の頭文字をとった略語である。

レーザーの研究は1950年代後半から1960年代初めにかけて急激に開花した。アメリカのタウンズ（Townes）、旧ソ連のバソフ（Basov）、プロホロフ（Prokhorov）がほぼ同時期に独立して、まずメーザー（maser: microwave amplification by stimulated emission of radiation）を、続いてレーザーを完成させた。そして、この功績により、3人は1964年のノーベル物理学賞を受賞している。

在米中、私は、当時カリフォルニア州立大学バークレイ校（University of California, Berkeley）にいたタウンズ教授から、じつに興味深い「maser、laser命名の裏話」を記した手紙をいただいた。右に、そのコピーを示すので、英語の勉強を兼ねて読んでいただきたい。私にとっては宝のような貴重な手紙であり、いまでも大切に保管している。ちなみに、タウンズ教授は2015年、99歳の長寿をまっとうされた。アメリカの大学には「定年退職制度」がないので、タウンズ教授は最後まで現役の教授であった。

●「書く力」をどう強化するか —— 筆写の勧め

英語の4技能は互いに密接に関係しており、それらを互いに切り離すことはできない。何語であれ、「読む」ことができない人に「書く」ことは不可能である。すでに述べたように、"読む"は"書く"の基本であり、"書く力"は"読む力"の上に積み上げられるものであろうことを疑わ

Chapter 2

理系英語とはどのようなものか

UNIVERSITY OF CALIFORNIA, BERKELEY

BERKELEY · DAVIS · IRVINE · LOS ANGELES · RIVERSIDE · SAN DIEGO · SAN FRANCISCO   SANTA BARBARA · SANTA CRUZ

DEPARTMENT OF PHYSICS
TEL: 510/642-7166
FAX: 510/643-8497

BERKELEY, CALIFORNIA 94720

October 7, 1992

Professor Fumio Shimura
North Carolina State University
College of Engineering
Burlington Laboratories
Box 7916
Raleigh, NC 27695-7916

Dear Professor Shimura,

In response to your letter of September 29, I am glad to provide some additional information about the history of laser.

The original idea of Schawlow and myself in calling an optical oscillator an "optical maser" was that the maser was the basic device, which could be adapted to a wide variety of wavelengths so that there might be x-ray masers, visible masers, and infrared masers, as well as microwave masers. However, the form "laser" is much shorter and hence appealed to common usage after the device became commonplace. I have on occasion even seen "microwave lasers" referred to. The word "maser" was invented at lunch with my students. Later, my students and postdoctoral research associates played with a variety of ideas, partly in a joking fashion, including the word "laser," "iraser," (for infrared), and "gazer" (for gamma ray). Laser was first used in our research group somewhat casually and informally. The first written record of the use of laser is, however, in Gould's notebook, and he consistently used this term. It is quite possible that he got it from one of my students. However, I am not sure of that.

The name Jack Gould does seem to be a curious coincidence. However, as far as I know, Jack Gould is no relative of Gordon Gould. He was apparently a notary public in a candy store and Gordon Gould used him to sign as a witness.

Best wishes for your work and the success of your book.

Sincerely,

Charles H. Townes

CHT/nlp

ない。

　ここで、われわれが考える"書くもの"は120ページに列挙した1〜5であって、"This is a pen. That is a book."のような稚拙な「英作文」ではない。あくまでも、論述するために「書く」のである。したがって、ここでは、英語で書かれた科学・技術論文や技術報告書、解説記事の類を"読む"のに大きな困難を感じない読者を対象にしている。上述のように、これらの英語が読めない人が、これらの英語を書こうとするのは時期尚早に思えるからである。

　アメリカの大学に在職している頃、私のgroupに日本や英語圏以外の国からやってくる留学生、研究員に課していた"「書く力」強化特訓"は、自分が関連する分野の論文（著者は実績のあるEnglish nativeとする）を毎日1報、よく考えながら筆写することだった。毎日のこととなると、長大な論文（full paper）では長続きしないから、3ページ程度のletterやshort note、communicationなどと称されるarticleが適当である。外国語の学習において、第一に大切なのは、「毎日続ける」ことである。

　ここで"よく考える"べき内容は、次の3点である。

1）論文、技術報告の構成（たとえば、introduction、experiment、experimental result、discussion、そしてconclusionに至る全体のstructure）
2）冠詞（なぜ定冠詞なのか、なぜ不定冠詞なのか、

Chapter 2
理系英語とはどのようなものか

なぜ無冠詞なのか)
3) 名詞(具象名詞か抽象名詞か、なぜ単数なのか、なぜ複数なのか)

　これらの3点(2、3については第3章で詳述する)を自分なりに考え、納得しながら、納得できないまでも「そういうものなのか」と思いながら筆写することによって、日本人にとって厄介な冠詞や名詞の扱いに対する English native の感覚を習得し、論述の構成力を含む"書く力"は確実に、また飛躍的に向上する。このことは、私自身の経験からも、私が鍛えた上記の留学生、研究員の実績からも読者に保証できる。

　もちろん、筆写の対象となる英文は模範的なものでなくてはならないから、前述のように信頼できる English native のものである必要がある。

　ここで、私の耳には読者の質問が聞こえてくる。

　——"信頼できる English native の模範となる英文"をどのように探せばよいのか？

　じつは、これは簡潔に答えられる質問ではないのだが、私自身の経験から、筆写の対象とすべき article の"便宜的な選択基準"を、上述の繰り返しも含めて以下に記す。

1) 内容が自分の関連分野のものであること
2) 長さが4ページを超えないこと("毎日1報筆写"が目標であるから、長大なものは長続きしない)

3）著者の所属機関がアメリカあるいはイギリスであること（ただし、その著者がvisiting scientistのような場合を除く）
4）著者が実績のある著名な研究者であること（この場合、3は無視してもよい）

　つまり、3、4が"信頼できるEnglish native"を探す"目安"である。いずれにせよ、著者の所属がアメリカ、イギリスなどの信頼できる研究機関であれば、そのarticleは"信頼できるEnglish native"のcheckを受けているはずである。

　われわれが対象とする理系英語には、"決まり文句"が少なくない。たとえば、図や数式の説明の仕方、数量に関わるものなどでは、具体的な数値や名詞を入れ替えるだけで、そのまま使えるような表現が多い。

　模範とするarticleを筆写しながら、「これは後で自分がarticleを書くときに使えそうだぞ」と思われる表現を例文つきで書き出しておくとよい。それをcardに書きとめ、内容ごとにindexをつけて分類しておけば実用的である。このようにして私家版のすばらしい実用的語彙・表現集を作れば、一石四鳥にもなるだろう。

　私が現役の研究者の頃は、これらの作業は、筆記用具、cardやnote、つまり"紙"を使って行っていたが、最近はパソコン上でより簡単に、より効率よくできることだろう。ただし、私自身はパソコン上での"筆写"というものを経験したことがないので厳密な比較こそできないが、パ

Chapter 2
理系英語とはどのようなものか

ソコンの keyboard を叩いて文章を筆写するよりも、筆記用具、紙を使って、文字そのものを手でなぞる昔ながらの筆写のほうがより体得できるような気がする。ぜひ、読者自身で体感的に比べてみていただきたい。

●ファインマンに学ぶ英語

 理系英語の名文家として、私が好きな一人を挙げるとすれば、それは 1965 年に量子電磁力学の業績で朝永振一郎らとノーベル物理学賞を受賞した超一流の物理学者であり、軽妙洒脱な啓蒙書をたくさん書いたファインマン（Richard Feynman、1918-88）である。ファインマンの論文を筆写するのは分野が限られていることもあり、決して容易ではないが、もし基礎物理学に興味がある人であれば、*The Feynman Lectures on Physics* を読んだり、筆写したりすれば一石二鳥以上となるだろう。また、自伝のスタイルで書かれた幾多のエッセイ本は楽しみながら読める格好の英語 text でもある。

 ところで、プロローグで、18ヵ国語に通じたという語学の天才・南方熊楠の名前を出した。

 南方熊楠（1867-1941）は世界を舞台に前人未踏の学問を確立した、文字どおり博覧強記の偉大な博物学者である。日本の学問の歴史の中で、私が破格の天才と思うのは本居宣長（1730-1801）と南方熊楠（以下、熊楠）であり、本居宣長についても語りたいことがあるのだが、ここでは、英語に関係する熊楠について簡単に触れておきたい。

 熊楠が生まれたのは和歌山城下であるが、いま「南方熊

楠記念館」が田辺湾の南端・白浜町番所山公園の中にある。私は昔から熊楠のファンであり、ここ（旧館）を2001年に訪れているが、2017年3月に開館した新館を、本書執筆中の2017年9月に訪れた。私はそこで、ある展示物を見て狂喜した。

熊楠は19歳（1887年）から33歳（1900年）までの14年間、アメリカ、イギリスで遊学・研究生活を送っているが、熊楠が1888年3月下旬からの約半月で *Popular Science Monthly*、*Nature* の多岐にわたる論文を筆写した3冊のノートが展示されていたのである。B5版ほどの大きさ、厚さ10mmほどのノートが美しい筆記体の文字でびっしりと埋められている。熊楠は原著論文をひたすら筆写することによって、英語力を高めていったのだと思われる。2001年に記念館を訪れた際に、このノートが展示されていたのかどうかは記憶が定かでないが、いずれにしても、私が熊楠の筆写ノートに気づいたのは、今回の見学時が初めてであった。

私は、"「書く力」強化法" は実績のある English native の論文を毎日1報、よく考えながら筆写すること、と書いたが、これは私自身の経験からの結論であった。しかし、あの天才・熊楠の英語勉強法も同じだったのだなあと、いまさらながらに自信をもてたのである。そして熊楠は、毎日1報どころではない数の英語論文を筆写していた。「筆写」は読者のみなさんに、私が自信をもって勧めることができる "「書く力」強化法" なのである。

熊楠は1892年から1900年のイギリス時代、通称「ロ

ンドン抜書」とよばれる同様の筆写ノートを遺している。それは大英博物館にあったさまざまな分野の英・仏・伊・独語などの500冊ほどの本の全巻、あるいは数行といった53冊（1冊は欠損）にも及ぶ筆写ノートである。

　前記のとおり、熊楠は18ヵ国語に通じたといわれているが、これらはひたすら筆写することで身につけたのであろうことが容易に想像できる。

　じつは、熊楠の筆写癖はなにもアメリカへ行ってからのことではなく、6歳の頃から始まっていたというのだから驚くほかはない。特に、8〜17歳のときに為した江戸時代の百科全書『和漢三才図会』全105巻の文字から挿絵に至るまでのていねいな筆写のすごさはまさに筆舌に尽くせぬものである。まさに「栴檀は双葉より芳し」である。分野を問わず、学問の基本は筆写によって培われるのかもしれない。

●English nativeによる添削指導

　自分が書き上げた英文のarticleを English native（英語を母国語とする人）、あるいは English native に近い英語力の持ち主で、なおかつ、その article の内容を理解できる人と向かい合って（face to face で）添削指導してもらうのが理想的である。

　ここで、私自身の経験から、再度、念を押しておきたい。

　添削者は、English native あるいは English native 級の英語力の持ち主であれば誰でもよいというわけにはいか

ず、その内容を理解できる人、少なくとも説明すれば理解してくれる人でなければならないことである。

国際的事業を展開する日本の大企業などはたいてい、English native の"英語顧問"のような人を抱えているし、最近は"翻訳のお手伝い"をしてくれる会社や理系専門の翻訳業の人が少なくない。しかし、彼らといえども、一般的な英語に対する添削指導はできても、専門分野の内容や論理性に密接に関係する冠詞、名詞の単数・複数、動詞、前置詞の使い方については的確な指導ができないことが少なくない。これはもちろん、彼らの"英語力"の問題ではなく、その分野の専門知識、その仕事の背景や現状認識、内容の理解力などの欠如の問題なのである。これらについて、彼らに責を求めるのは酷である。

私自身、若いときに日本で論文を書いていた頃、そのような English native に添削指導を受けたことがある。その人は日本人向けの英語学習書などの著書もある、その道では有名なアメリカ人で、私が勤務していた研究所に"英語顧問"として定期的に指導に来ていた。その頃の私の常識では、「教養ある native American に直してもらったのだから、論文の内容はともかく、少なくとも英語としては問題がないはずだ」と思い込み、自信をもってアメリカの学術誌に投稿したのだった。

ところが、査読者（referee、reviewer）に英語を直されて返されたことが何度かあった。当時の私には釈然としなかったが、いまにして思えば、たとえ教養ある English native といえども、論文の内容をきちんと理解できなけ

Chapter 2
理系英語とはどのようなものか

れば、その論文の内容を的確に述べる正しい英語になる添削指導はできないという、当然といえば当然のことだったのである。

English native に匹敵する英語力をもち、日本語を理解し、論文の内容を完全とまではいかなくてもある程度理解できる人は稀有であろうが、そのような人に face to face で英語を指導してもらうのが理想であり、最も確実に、効率よく、実戦的英語力を向上させる方法である。

じつは、私自身、研究者として上り坂にあり、1年に2〜3報の論文を書いていた頃（私は卒業論文、修士論文、博士論文は別にして、日本語で原著論文を書いたことがない）、教養があり、日本語が堪能で、論文の内容も説明すれば理解してもらえる native American の親しい友人（64ページで述べた "intimate friend" である）がおり、彼女に、まさに face to face で英語を鍛えてもらったのである（give and take で、私は彼女の日本語を鍛えた）。

それは、私の英語力、特に"書く力"を飛躍的に高めるうえで、このうえなく効果的だった。私はいまでも、彼女に対する感謝の気持ちを忘れてはいない。それから十数年後、私が移住したノースカロライナ州で偶然にも彼女と再会することになるのだが、そのあたりの話は本書と関係ないので割愛する。

読者にもぜひ、自分の周囲でそのような人、あるいはそのような人に近い人を見つけ、実戦的英語力向上の助けになってもらってほしいと願う次第である。

理系のための
「実戦英語力」習得法

Chapter 3

「理系英語の文法」を攻略する

—— English nativeの感覚を体得せよ

●理系英語にとって「決定的に重要」な文法

何語であれ、一つの文の骨子は、

| 何が・誰が | + | (いつ) | + | どうする（動作）・どうある（状態） |

という構造になっている。
「何（誰）」が主語であり、「動作・状態」を示すのが述語である。主語が「何（誰）」なのかによって、また、その「動作・状態」が「いつ（過去・現在・未来）」のことなのかによって、「動作・状態」を示す語の形が変化する。

きわめて簡潔にいえば、文法とは、これらの間の「取り決め」であり、この「取り決め」によって、文意が一義的となって、誤解の生じない明瞭なものになる。すでに何度も述べたように、理系英語においては、この「取り決め」が決定的に重要である。

極端にいえば、いわゆる「日常会話」のためには、厄介な英文法など必要ないかもしれない。その国の言葉が十分に使えないような外国を訪れた際に、厄介な文法など知らなくても、ある程度の基本単語さえ知っていれば、それらをつなぎ合わせることで必要最低限の用は足せることを、私自身いくつかの国で何度か経験している。

アメリカで暮らしていた頃によく食べに行った中華料理店の女主人（中国人）は、人称代名詞に関係なく、また、現在・過去・未来に関係なく、"I is ..."、"You is ..."、"He

Chapter 3
「理系英語の文法」を攻略する

is ..." といったように、be 動詞をすべて is、動詞はすべて現在形、名詞はすべて単数形という「英語」で通し、立派に（？）仕事をこなしていた。中国時代、数学教師だったという彼女と客である私は、注文する料理のこと以外の世間話もしていたのであるが、"意思の疎通"に大きな問題はなかった。こんなとき、中国人のたくましさとともに「外国語は、単語さえ知っていればなんとかなるもんだなあ」ということを痛感したものである。そして、「学校英語」で丸暗記させられた「英文法」をうとましくさえ思った。

確かに、買い物や世間話をする程度の英語であれば、厄介な英文法など必要ない。たとえば、本屋へ行って店員の前で、ある本を指で示して "I buy book." といえば、その店員は、その人の教養を疑うことはあっても、"I" の意図を間違いなく理解してくれるだろうし、その人も問題なく目的を達するに違いない。

しかし、すでに示したように、

Company make computer.

のような英文（？）では、どのような「会社」が、どのような「コンピューター」を「作る」のか、あるいは「作った」のか「作ろうとしている」のか、はたまた「作りたい」のかといった情報がさっぱりわからない。また、その「コンピューター」が 1 台なのか 2 台なのか、あるいは 1 万台なのかもわからない。

つまり、英文法を無視して単語を並べただけでは、理系英語として必要な内容を伝えることができない。それはすなわち、理系英語としての用を為さないということである。何度も繰り返すように、理系英語において、英文法は決定的に重要である。

　とはいえ、「受験英語」と異なる実戦的英語においては、文法は理屈抜きに暗記するようなものではない。理屈抜きに、機械的に丸暗記したような文法の知識は、受験英語では大きな力を発揮したとしても、実際のcommunicationのための実戦的英語においては、あまり（少なくとも努力の割には）役に立たないものである。

　われわれがまず、どうしても身につけなければならないのは、英語の基礎文法（語順、時制とそれに伴う動詞、助動詞の語形変化、名詞の単数・複数、冠詞の用法など）である。しかし、本書の読者の英語力が、いまから英語の基礎文法の勉強を必要とするlevelであるとは思えない。申し上げにくいことではあるが、本書は、いまから英語の基礎文法の勉強を必要とするlevelの読者を対象としていない。

　本書の読者が習得しなければならないのは、より正確にいえば"英文法"というより"語法"であり、冠詞、名詞、動詞、助動詞などの単語、そして時制の"使われ方の理屈"である。しかし、それらの"理屈"を丸暗記したのではダメなのである。実戦的英文法力をつけるためには、English nativeの感覚を知り、それらの理屈を習得する必要がある。英語で書かれたarticleの意味を正確に理解し、

Chapter 3
「理系英語の文法」を攻略する

欧米人に通じる英語を書くためには、この"English native の感覚を知る"ということがどうしても必要なのである。それは、丸暗記のような努力では為し得ない。

本章では以下、冒頭に示した「何が・誰が、いつ、どうする（動作）・どうある（状態）」という骨子にしたがって文法（語法）を説明する。それらの順番は、英語の構造に応じて「何が・誰が、どうする（動作）・どうある（状態）、いつ」とする。

もう一度繰り返す。

説明を暗記してはいけない。あくまでも"理屈"を考え、それに納得しながら読み進めていただきたい。そして、何度も繰り返し読んでいただきたい。

3.1 「何が・誰が」の文法
——名詞と冠詞の考え方

▶ 理系英語の"命"は冠詞

一般に、文章は"何か（物体・事象）・誰か（人間）"が"何かの動作をする"こと、あるいは"何かの状態にある"ことを表現するものである。この"何か・誰か"を表す言葉の骨格にあるのが名詞（代名詞）である。

日本語に比べると、英語では名詞の"地位"が非常に高い。つまり、名詞が果たす役割が非常に大きい。特に理系英語では、"行為者"そのものではなく、物体・事象を表

す名詞を主語にするのが普通とさえいえる。言い換えれば、われわれが英文を書くときには、"行為者"そのものではなく、物体・事象を表す名詞を上手に主語として使うと、英語らしい英文になるということである。

しかし、英語の名詞には、日本語にはないさまざまな"約束事"、つまり文法が存在する。日本人のわれわれにとっては、この点が厄介である。たとえば、英語では単数・複数を厳格に意識して名詞を使う。しかも、その単数・複数は、必ずしも日本人の感覚と一致しない。

また、名詞を"限定"する機能を果たすものとして、日本語にはない冠詞が存在する。この冠詞もまた、理系英語においては決定的に重要である。ちょっと大げさにいえば、冠詞は"理系英語の命"である。

以下の本文中、意味がわからない単語に出合ったら、繰り返し述べたように英英辞典を活用していただきたい。英和辞典の使用は厳禁であることをもう一度強調しておく。

3.1.1 名詞を攻略する

●「数えられるか、数えられないか」だけに注目せよ

一般的な文法書では、名詞は普通名詞、固有名詞、抽象名詞などに分類される。しかし、実践的な観点から、われわれにとって重要なのは、このような分類ではなく、"可算（数えられる）"か"不可算（数えられない）"か、という分類である。

Chapter 3
「理系英語の文法」を攻略する

　当然のことながら、不可算名詞は"数えられない"のだから、"a / an"（1つの）がついた形や複数形はない。また、"数えられない"のだから、複数形を要求するようなtwoやtenなどの数詞や、many、few、severalなど"数える"ことを前提とする語句（oneも含む）を一緒に使うことはできない。

　以上の話は簡単明瞭なのだが、われわれにとっては、どのような名詞が可算で、どのような名詞が不可算なのか、ということが問題である。そして、実戦英語においては、可算か不可算かが、学校英語で説明されたようには簡単明瞭に割り切れない。たとえ同じ名詞であっても、状況によっては可算になったり不可算になったりする。日本語においては、それが可算か不可算かなどと考える必要がないので、これははなはだ厄介な問題であるが、われわれはたくさんの英文に触れ、English nativeの感覚を身につけるほかはない。

▶ 物質名詞の場合

　たとえば、次の英文を見てみよう。

　a) Recently a rich vein of gold was discovered.
　b) Golds are sold at jewelry stores.

　gold（金）は"物質名詞"だから不可算である。したがって、aの"gold"のように無冠詞で使われるのは正しい。しかし、bの"golds"はどうだろうか。本来、不可算名詞

である物質名詞には、複数形があってはならないはずである。ところが、goldは"金"という物質名詞（不可算）でもあり、同時に"金製品"（coinやring）を意味する普通名詞（可算名詞）でもあるのだ。したがって、bの英語も正しい。English nativeにとっては当然であるはずのこの感覚を知り、理屈を体得することが重要である。

同様な単語として、以下のようなironやnickelもある。

a) Iron is used to make steel.
b) An iron is an electrical device with a metal base.

a) Nickel is a silver-colored metal that is used in making steel.
b) A nickel is a coin worth of five cents.

また、金属物質であるcopper、silver、bronze、platinumも、メダル（medal）のような製品になれば可算名詞である。

ちなみに、オリンピックのときに大きな話題となる金メダル、銀メダルはそれぞれgold medal、silver medalであるが、銅メダルはcopper medalとはいわず、bronze medalである。bronzeは"alloy of copper and tin"なので、銅メダルの実際の成分はcopperではなくてbronzeなのであろう。もっとも、音の響きにおいては"copper medal"よりも"bronze medal"のほうがよいと思うが。

これらの例とは対照的に、diamond、sapphire、ruby

などの宝石関係の物質名詞は、いつも可算名詞である。

このように、名詞が"可算"であるか"不可算"であるかは、日本人にとっては必ずしも理路整然と割り切れるものばかりではない。一つひとつ憶えることで、感覚を身につけていくほかないだろう。

▶抽象名詞の場合

具体的な形をもたない抽象名詞は、「学校文法」では不可算名詞に入れられているが、これは理解しがたいことではない。しかし、理系英語にひんぱんに使われる

calculation、discovery、experience、invention、measurement、size、treatment

などは、抽象名詞（不可算名詞）であると同時に、文脈や文の"環境"によっては"数えられる"普通名詞として使われることが多々ある。たとえば、

discovery
　不可算　the act of discovering something that was hidden or not known before
　可算　　something that is discovered

measurement
　不可算　the act of measuring something
　可算　　figures about length, height, breadth, depth etc.

である。

● 集合名詞は?

　日本人にとって"集合名詞"は難敵の一つである。
　集合名詞には複数形がない（使えない）ので、一般的には不可算名詞として扱われ、以下の例文に示されるように、実質的には明らかに複数の意味なのに"equipments"のような複数形は使えない。furniture（家具）も同様である。

> Equipment consists of the things which are used for a particular purpose, for example measurement of physical properties.

　ちなみに、英英辞典で"equipment"は"things needed for a purpose"と説明されている。それなのに"数えられない"といわれても、われわれには理解しがたい。つまり、集合名詞は"数えられる"が"複数形がない"と考えるべきである。私自身"equipment"という単語を使う英文を何度も書いてきたが、そのたびに"equipments"を使えない理不尽さを痛感したものである。しかし、英語ではそういうものなのだと素直に従うほかないのである。
　とはいえ、集合名詞に複数形がまったくないのかといえば、必ずしもそういうわけではないのが困りものだ。英文法書でしばしば集合名詞の例に挙げられるのはfamilyで

あるが、

- a) The zoo has a large animal family.
   Three monkey families live in the same cage.
- b) The monkey family are clever mammals.

の文例のように、集合名詞には

- a) 集合体を一単位として見る用法
- b) 集合体よりもむしろ、その構成要素である個体を主に見る用法

の2つがあるのである。

ところが、集合名詞の代表格の一つであり、理系英語にもしばしば登場する machinery (= moving parts of a machine, machines collectively) には、まことに不思議なことに、上記の family に見られるような用法はない。私は、"machinery" という単語を使うたびに、"equipment" と同様の理不尽さを覚えたが、「なぜか」と問うても仕方がないので「そういうものなのだ」と諦めるほかはないのである。

●「可算」「不可算」を分けるロジック

英単語の可算・不可算について、一応の規則のようなものを述べたのであるが、残念ながら、言語学者ならともかく、名詞の可算・不可算を明瞭に、論理的に区分けするの

は無理であるといわざるを得ない。われわれは意識的な努力によって、一つひとつの名詞について地道に憶えていくほかはなさそうである。

いずれにせよ、このような場合にも大いに役立つのが英英辞典である。可算名詞と不可算名詞の区別、使用法が、例文とともに明示されている。英文を多読し、英英辞典を最大限に活用し、English native の感覚に迫る以外に王道はない。

私は以前、同僚の English native に名詞の可算・不可算の明瞭な区分け法を聞いたことがある。残念ながら、彼らから明瞭、論理的な答えを得ることはできなかったが、どうやら彼らは、ある"基準"に従って両者を区別しているようである。

可算・不可算を分ける根本的な基準は、"具体的なまとまった形"、あるいは"はっきりした境界線"があるかないかである。

たとえば、先述の gold（金）には"はっきりした境界線"がない。gold という物質を適当に分割しても、それぞれの gold 片は依然として gold である。ところが、金製品の gold は、"具体的なまとまった形"も"はっきりした境界線"ももっているから、分割するわけにはいかない。

以下、気分転換として、次の英文における love について考えていただきたい。理系英語に love が出てくることはほとんどないかもしれないが、理系であろうと文系であろうと、人間にとって、また動物にとっても、love は普遍的に不可欠なものである。

Chapter 3
「理系英語の文法」を攻略する

a) <u>Love</u> is blind.
b) <u>A love</u> like this can be found only among mothers.

多くの読者に経験があると思われるが、a の love は不可算名詞で「恋は盲目」の意味である。一般的には、人を盲目にしてしまう love には具体性がないものである。だから、典型的な不可算であり、それだけに人生においても始末が悪いのである。

一方、b の love は "like this" という具体性をもっている。"like that" であれば "another love" になる。これはさまざまな形がある（境界線はわからないが）可算の love である。

以上に述べたことをふまえて、欧米の一般的な文法書に見られる名詞の分類を図7に示す。

一般的に、固有名詞は不可算名詞に入れられるが、たとえば、

There are several famous <u>Thomsons</u> in the field of physics.

のような "Thomsons" は、複数の "有名な Thomson（人名）" を意味する。実際、物理学の分野には、Sir J. J. Thomson (1856-1940)、「ケルヴィン卿（Lord Kelvin）」の W. Thomson (1824-1907)、E. Thomson (1853-1937)、

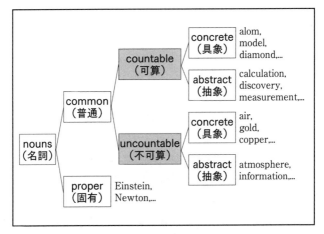

図7　名詞の分類

Sir G. P. Thomson（1892-1975）ら、"有名な Thomson"が少なくないのである。

● 単数形と複数形── 池に飛び込んだ蛙は「何匹」か?

　日本語と同様、中国語にも名詞の単数・複数の区別がないが、私が知る限り、西欧語ではすべて名詞の単数と複数とを論理的に厳然と区別している。そのような厳然たる区別は、ギリシャ哲学以来の伝統に思える。自然科学の原点ともいうべき『自然学』第2章の冒頭で、アリストテレス（Aristotelēs, Aristotle）は"単数"と"複数"の"厳然たる区別"について述べている。

　名詞の単複の感覚を知るのに格好の例がある。

　まさに星の数ほどある俳句の中で、誰もが知る、最も有

Chapter 3
「理系英語の文法」を攻略する

名なのは松尾芭蕉の

　　　古池や　蛙(かわず)飛び込む　水の音

だろう。

　この俳句を英訳しようとする場合、「古池」は単数でよいとしても、厄介なのは「蛙」が単数なのか、複数なのかということである。この日本語を読む限りでは判断できないし、わからなくてもかまわない。また、わからないから、この句を読む人が、一人ひとり別の想像を拡げていくことができる。

　私を含め、多くの日本人は、1匹の蛙が静寂たる古池にポッチャンと飛び込んだ情景を思い浮かべるだろうが、これが1匹ではなく、多数の蛙がポッチャン、ポッチャン、ポッチャン……と古池に飛び込んだとすれば、情景はまったく異なることになる。

　しかし、これを英訳するためには、「蛙」が単数（a frog）なのか、複数（frogs）なのかを決めなければならない。可算名詞の単複に厳格な英文法は、"frog" の使用を許してくれない。

　この句の英訳は、少なからずの人によって為されているが、代表的なのは

Old pond / Frogs jumped in / Sound of water
　　　　　　　　　　　小泉八雲（Lafcadio Hearn）

The ancient pond / A frog leaps in / The sound of the water

Donald Keene

である。ご覧のとおり、八雲は蛙を複数ととらえ、キーン氏は単数ととらえている。じつに興味深い。

ところで、だいぶ昔のことだが、私はかつて、幕末・維新時の長州の史跡を見て歩いたことがある。そのとき、日本陸軍の創始者である大村益次郎（1824-69）の生地・鋳銭司(ぜんじ)（山口市）にある郷土館の展示室に置いてあった、おびただしい数の彼の手になる翻訳書に驚かされた。たとえば、オランダ語の『造船学』の原書を日本語に訳しているのであるが、その当時はもちろん「蘭和専門語辞典」のような便利なものは存在しない。おそらく彼は、内容を想像し、理解しながら、それを日本語に翻訳していったものと思われる。

この仕事が、益次郎の驚異的な努力と才能に負うところが大きいのはいうまでもないが、やはり、それが"理系のオランダ語"だったことが幸いしたはずである。自然科学や技術に関することは普遍的であり、たとえ言葉が違っても共通の土俵で考えられるからである。

その郷土館には、益次郎が横浜でヘボン（"ヘボン式ローマ字"の創始者であり、最初の和英・英和辞典を完成させた J. C. Hepburn）に２年間、英語を習ったときのノートも展示されていた。「英作文」の勉強に使ったと思しきそのノートをよく見ると、「亜國貨幣の種类(ママ)幾種なりや」

Chapter 3
「理系英語の文法」を攻略する

「且つ其最も高価なるもの幾ドルなりや」(実際は縦書き)という問題と、これに答えた益次郎の英訳が細筆の墨で益次郎自身によって書かれている。

最初の問題の益次郎の英訳は "how many kind of coin is in the United States?" である。ヘボン先生は鉛筆で kind に "s" を書き加え、is に斜線を引いて "are there" に直している。第2の問題の益次郎の英訳は "how many dollars cost it highest kind?" であり、残念ながらこれは英語になっていない。ヘボン先生は添削指導を諦めたらしく、その後に鉛筆で "What is the value of the highest coin — (50$)" と書いている。

この英語学習ノートを目にしたとき、私は、あれほど外国語に長じた益次郎でさえ、日本語に存在しない名詞と動詞の単複による使い分けには苦労し、「英作文」にもかなり手こずっていたのだなあ、と思わずニヤリとした。われわれ凡人が英語に苦労するのも当然ではないか。

ところで、日本にもファンが多い(私も大ファンの一人である)女優のオードリー・ヘップバーンの綴りも、上記の Hepburn である。ヘボン式ローマ字のヘボンと女優のヘップバーンが同じ綴りの Hepburn であることを知らない日本人は多いのではないか。じつは私も、アメリカで native speaker による Audrey Hepburn の発音を聞くまでは、そのことを知らなかった。

"Hepburn" が English native に発音されるのを聴けば "ヘップバーン" に聞こえることはなく、"ヘバン" に近い音に聞こえる。Hepburn 先生が横浜にいた頃、当時の日

本人は、耳から入ってきた音にかなり忠実に"ヘボン"というカタカナにしたのである。

閑話休題。

日本語と異なり、英語では"単数（＝1）"と"複数（必ずしも≧2とは限らず、≠1の数）"の区別が厳格で（英語が"理系"に適している理由の一つである）、複数の意味の可算名詞は複数形にしなければならない。

以下、いくつか具体例を挙げ、可算名詞の複数形の作り方をまとめて示す。このとき、単数形に a / an を必ずつけるようクセをつけておくことをお勧めする。その名詞が、可算名詞であることをつねに意識できるからである。

大昔、大学でドイツ語を習い始めた頃、名詞を憶えるとき、名詞の前に必ず"der"、"die"、"das"をつけて、それらの「性（男性、女性、中性）」を同時に憶えたことを思い出す。

▶ 規則的な複数形

① 単数形の語尾に s をつける

 a diamond　　→　diamonds
 an atom　　　→　atoms

② 単数形の語尾に es をつける

 (a) s、ss、o、ch、sh、x、z で終わる語

  a gas　　　→　gases
  a process　→　processes
  a flamingo　→　flamingoes（flamingos）
  a watch　　→　watches

Chapter 3
「理系英語の文法」を攻略する

a brush	→	brushes
a box	→	boxes
a buzz	→	buzzes

(b)［子音 + y］で終わる語は、y を i に変えて es をつける（［母音 + y］で終わる語は①と同じ）

a frequency	→	frequencies
a quality	→	qualities
a quantity	→	quantities
a display	→	displays

(c) f で終わる語は f を v に変えて es を、fe で終わる語は f を v に変えて s をつける

| a leaf | → | leaves |
| a knife | → | knives |

例外　a handkerchief　→　handkerchiefs、
　　　a roof　　　　　→　roofs など

●不規則な複数形

①単数形の母音を変える

a foot	→	feet
a tooth	→	teeth
a mouse	→	mice

②単数形の語尾に ren/en をつける

| a child | → | children |
| an ox | → | oxen |

③単複同形

| a series | → | series |

a species　　→　　species

　　Chinese、Japanese、Portuguese など、語尾の発音が［z］の国民を表す単語

　　deer、sheep、salmon、carp などの群居性の動物

　　注意　名詞を受ける動詞は、名詞の意味によって変わる

　　A sheep is a farm animal.
　　Sheep are kept for their wool or their meat.

▶外来語の場合は？

　日本語と同様、英語にも外来語の名詞が少なくない。日本語からも tsunami（津浪）、tofu（豆腐）などが日常的英語として使われているが、"理系英語"の中で圧倒的に多いのは、やはり科学・技術の歴史を反映してラテン語（Latin）、ギリシャ語（Greek）からの外来語である。

　特に、保守的あるいは厳格な英文の場合、これらの名詞の複数形には原語の複数形が使われることが多いが、最近、特にアメリカでは簡単にsをつける"米語式"の複数形の使用頻度も高まりつつある（ただし、「教養」を示すには、安易に"米語式"を用いるのは避けたほうがよい）。

　以下、理系英語にしばしば登場するラテン語（①～⑤）、ギリシャ語（⑥）系名詞の複数形について述べるが、同時に、使用が許されている"米語式"複数形も（　）内に示す。

① us で終わる語は us を i に変える

Chapter 3
「理系英語の文法」を攻略する

a focus	→	foci (focuses)
a locus	→	loci
a modulus	→	moduli
a nucleus	→	nuclei (nucleuses)
a radius	→	radii (radiuses)
a stimulus	→	stimuli

② um で終わる語は um を a に変える

a bacterium	→	bacteria
a datum	→	data（最近は data を単複同形として扱うことが多い）
a maximum	→	maxima (maximums)
a minimum	→	minima (minimums)
a momentum	→	momenta (momentums)
a quantum	→	quanta
a spectrum	→	spectra (spectrums)

③ a で終わる語は a を ae に変える（発音は [iː]）

an antenna	→	antennae (antennas)
a formula	→	formulae (formulas)
a nebula	→	nebulae (nebulas)

④ ex/ix で終わる語は ex/ix を ices に変える

an appendix	→	appendices (appendixes)
an index	→	indices（指数、指標）、indexes（索引、見出し）
a matrix	→	matrices (matrixes)
a vortex	→	vortices (vortexes)

⑤ is で終わる語は is を es に変える（発音は [iːz]）

an analysis	→	analyses
an axis	→	axes
a basis	→	bases
a hypothesis	→	hypotheses
a parenthesis	→	parentheses
a thesis	→	theses

⑥ on で終わる語は on を a に変える

an automaton	→	automata(automatons)
a criterion	→	criteria(criterions)
a phenomenon	→	phenomena

● 文字、数字、略語の複数形

　理系英語には、文字、数字、略語がたくさん登場する。これらの複数形は、原則として 's(アポストロフィー s)、または単に s をつける。最近は、アポストロフィー(')をつけずに、s だけをつける傾向にある。

　　Model A's(A 型モデルの複数)
　　20's(20 代)
　　1900's(1900 年代)
　　IC's / ICs(集積回路 IC の複数)
　　CRT's / CRTs(Cathode Ray Tube の複数)
　　LED's / LEDs(Light Emitting Diode の複数)

　なお、kg や m や N などの単位は複数形にしない(単位だから当然である)。

Chapter 3
「理系英語の文法」を攻略する

● つねに複数形の名詞

① 対 (pair) になっている器具、物
    glasses (眼鏡)
    tongs
    scissors
    tweezers
    注意　これらを数える場合は、a pair of 〜、two pairs of 〜 などを使う。

② 学問の名称
    economics
    ethics
    mathematics
    physics
    注意　これらの単語は単数扱い。

3.1.2 名詞を「限定」「修飾」するルール

● "難敵" 冠詞を攻略する

　日本人にとって、英語を体得するうえで最大の難敵の一つが冠詞である。

　英語にあって日本語にないものは少なくないが、その代表が冠詞である。冠詞は小さな単語ではあるが、英語、とりわけ理系英語においては決定的に重要である。興味深いのは、英語の初級者ほど、冠詞の重要性をあまり認識しな

いことである。冠詞が気になり始めたら、英語がかなりできるようになった証拠といえる。

英語における冠詞には、ご存じのように定冠詞 the と不定冠詞 a / an の2種類がある。いずれも名詞の前に置かれ、その名詞が表す概念、適用範囲を明示する役割を担う。

一般的な英文法書では必ず「冠詞」という章が設けられており、次のような例で不定冠詞と定冠詞の用法が説明されている。

 a molecule（不特定の1つの分子）
 molecules（不特定の複数の分子）
 the molecule（特定の1つの分子）
 the molecules（特定の複数の分子）

前項で述べたように、英語の名詞には可算名詞と不可算名詞があり、単数の可算名詞の前には必ず、不定冠詞の a / an か定冠詞の the が置かれる。冠詞なしの名詞は、不特定の可算名詞の複数形か、不特定の不可算名詞のみである。次の例で×をつけたのは"許されない英語"である。

可算名詞	不可算名詞
× semiconductor	silicon
a semiconductor	× a silicon
semiconductors	× silicons
the semiconductor	the silicon

Chapter 3
「理系英語の文法」を攻略する

the semiconductors　　×　the silicons

▶ 理系英語の主役は名詞より冠詞

　本書の読者に対しては、不定冠詞 a と an の使い分けについては述べるまでもないだろう。

　しかし、略語につける不定冠詞には注意が必要である。たとえば、普通名詞扱いである "metal oxide semiconductor（金属酸化膜半導体）" の略語である MOS や、"field effect transistor（電界効果トランジスター）" の略語である FET の前の不定冠詞が a か an か、すぐに判断できるだろうか。

　多くの日本人は MOS、FET をそれぞれ「mosu」、「fetto」と発音する。この「m」、「f」という子音に従えば、不定冠詞は a であり "a MOS"、"a FET" となる。しかし、欧米ではこれらを [em ou es]、[ef i: ti:] と発音するのが普通である。つまり、母音 [em]、[ef] に従い、"an MOS"、"an FET" とするのが正しい。

　このような原則のほかに、例外を含む冠詞の用法が英文法書に書かれているが、いずれにせよ、冠詞の用法の規則そのものは総じて単純明快である。にもかかわらず、日本人にとって冠詞が難敵の一つになっている理由は何か。

　それは、下記のためと思われる。

　＊可算名詞と不可算名詞の存在が厄介
　＊特定、不特定の見極めが厄介
　＊冠詞を軽視してしまう

一般に、日本の英文法書では「冠詞が名詞につく（あるいはつかない）」というように、あたかも冠詞が名詞の"付属物"であるかのごとく記述されることが多い。しかし、冠詞を名詞の付属物と考えている限り、"冠詞の壁"を乗り越えるのは難しい。まったく反対に、「名詞が冠詞につく」と考えるべきなのである。

▶冠詞は「限定詞」である

　日本の英文法書では記述されることが少ないが、"限定詞（決定詞）"とよばれる品詞がある。限定詞は名詞の前に置かれ、その名詞が意味する範囲を限定するものである。冠詞もまた、この限定詞の一つである。限定詞には、冠詞のほかに数詞（one、two、hundred、first、secondなど）、数量形容詞（many、much、some、fewなど）、指示形容詞（this、thatなど）、所有形容詞（my、his、herなど）がある。

　これらの限定詞は、置かれる位置によって

（Ⅰ）前置限定詞　all、half、doubleなど
（Ⅱ）中央限定詞　the、a / anなど
（Ⅲ）後置限定詞　基数詞　one、two、……
　　　　　　　　　序数詞　first、second、……
　　　　　　　　　数量形容詞　many、muchなど

の3種に分類され、これらの限定詞は、たとえば

Chapter 3
「理系英語の文法」を攻略する

<u>all</u> <u>the</u> <u>three</u> factors
（Ⅰ）（Ⅱ）（Ⅲ）

のように、必ず（Ⅰ）→（Ⅱ）→（Ⅲ）の順に並べられる。限定詞が連ねられることが多い理系英語において、この順序は大切なのでよく憶えておいていただきたい。

　限定詞の分類はさておき、冠詞は限定詞であるということを強く認識すべきである。特に、理系英語においては、冠詞は自分の考え、事実関係などを明確に示すためのきわめて重要な道具である。論文全体の価値が、たった一つの"a"と"the"の違いによって決定されてしまうことさえあるのだ。

　たとえば、自分が述べている"technology"が"a technology"なのか"the technology"なのかによって、その論文のもつ意味や価値が決定的に異なることがあり得るのである。

▶theの用法に習熟する──それは"ただ一つ"に決まるか

　不定冠詞と定冠詞の一般的な用法は、172ページで説明したとおりである。本書の読者には、不定冠詞そのものの説明は不要であろう。問題は定冠詞theの使い方と、a/anとtheの使い分けである。

　ある一定level以上の英語力をもつ日本人が共通して悩まされるのが、"theの用法"である（theに悩むようになったら、かなりの英語力がついた証拠である！）。

　ところが、English nativeの定冠詞theの用法に対する

"感覚"は意外に簡単で、「"ただ一つ（複数の名詞の場合は"ただ一つのgroup"）に決まる"場合に定冠詞theを使う」である。"ただ一つに決まる"理由には、次のようにさまざまなものがある。

①文脈から一つに決まる

We produced a new car, but the car needs further improvements.

後のcarは、前に出てきた"a new car that we produced"で、文脈から"ただ一つ"に決まる。なお、improvementは、一般的には抽象名詞で不可算であるが、ここでは"個々の改良点"を意味し、可算の複数形になっている。

②連想から一つに決まる

They have invented a new flying vehicle called "Osprey". The propellers can be operated horizontally or vertically.

後の文のpropellersは、前の文に登場したa flying vehicleのものであることが容易に連想される。このpropellers自体は"初めて登場する単語"なので、学校英文法に忠実であれば無冠詞のpropellersになってしまうが、これでは前の文とつながらないし、意味が通らない。

Chapter 3
「理系英語の文法」を攻略する

③状況から一つに決まる

Put the IC chip in the panel.

これは、たとえば目の前に1つの IC chip があり、それを目の前にある panel に差し込むよう学生に命じるような場合の英語である。IC chip も panel も、その場の状況から"ただ一つに決まる"ことが明瞭である。もしこれらを、an IC chip や a panel といったら、学生（もちろん、英語がきちんとわかる学生）には何がなんだかわからなくなってしまう。

④共通の知識から一つに決まる

She is carrying out the cultivation of cells in the laboratory.

話し手の間では「She」がどの laboratory でどのような cultivation をするのか、共通の暗黙の了解がある。したがって、それらは"ただ一つに決まる"。

⑤常識から一つに決まる

The sun is the globe of fire in the sky where the Earth goes round.

われわれの常識では、あの太陽も地球も"ただ一つに決まっている"。それに対し、sky は"ただ一つ"ではないだろうが、the Earth が周回する sky は明らかに"ただ一

つに決まる"。また、一般的にはさまざまな globe（球体）があるが、この場合は the sun を表しており、"ただ一つに決まる" globe である。

また、sun にはあ の太陽（the sun）のほかに、一般的に「惑星をもつ恒星」という意味もあるので、次の英文も可能である。

> <u>A</u> sun is any star which has planets revolving around it.

以上の①〜⑤の例文を読めば、the に対する恐怖心がかなり薄らぐのではないだろうか。単純に「ただ一つに決まる名詞の前には the がつく」、あるいは「the の後にはただ一つに決まる名詞がくる」と理解しておけばよいのである。the の攻略は、決して難しいものではない。

●「話の筋＝論理」を通す冠詞の役割

ここで「名詞の単数と複数」、「不定冠詞と定冠詞」を確認するために、

> 半導体（semiconductor）は電子デバイス（electronic device）に必要不可欠（indispensable）である。

という日本語を英訳し、紙の上でもパソコン画面でもかまわないから、きちんと書いていただきたい。答えは次ページに掲げる。

Chapter 3 「理系英語の文法」を攻略する

【答え】

　物理的、工学的に正しいかどうかは除外し、純粋な英語の問題として考えれば、次の <u>16 通りの英文</u>が書けて「正解（16 点満点）！」ということになる。みなさんは何点取れたであろうか。私が大学で教えた経験によれば、1 点取れればマシであった。つまり、一つでも完璧な英文が書ければマシということである。

$$
\left.\begin{array}{l}
\text{A semiconductor} \\
\text{Semiconductors} \\
\text{The semiconductor} \\
\text{The semiconductors}
\end{array}\right\} \text{is/are indispensable to} \left\{\begin{array}{l}
\text{an electronic device.} \\
\text{electronic devices.} \\
\text{the electronic device.} \\
\text{the electronic devices.}
\end{array}\right.
$$

　当然のことながら、これらの 16 通りの英文はそれぞれ、互いに異なった意味をもつ。読者には、semiconductor および electronic device を自分の分野の言葉に置き換えて、上記 16 通りの英文の意味をじっくり考えてみていただきたい。

　ここで見方を変えてみると、「半導体は電子デバイスに必要不可欠である。」という問題文は、日本語としては誤りでないとしても、それが意味するのは 16 通りのうちのどれなのかが判然としない。これは、日本語自体が潜在的、本質的にもっているあいまいさの一例であり、私が「論理性、一義性を重んじる"理系の文"に日本語は適さ

ない」と考える根拠の一つである。

　ところで、兵藤申一監修『科学英語を磨く——英語で論文を発表する方へのアドバイス』(裳華房、1989) は、positive／negative (反面教師) 両方の意味で有益な書だった (残念ながら現在は品切れ)。当時、アメリカで暮らしていた私も共著者の一人で、「いかに native English に近づくか」という一文を寄稿したのであるが、同書の中に次のような驚くべき記述があった (下線は志村)。

　日本人の書いた英文が日本人に審議されますと、よく出る質問の一つに「ここは a か the か」があります。<u>どちらにしても大勢に影響せず、a でも the でも皆さんが望まれるように直せばよい場合が多いようです</u>。一番大切なことは筋が通っているかどうかです。
(梅原一洋「Ⅰ-6 あなたも上手な英語で論文が書ける」)

　私は、この著者がどのような方か存じあげないが (『科学英語を磨く——英語で論文を発表する方へのアドバイス』という本の共著者になるくらいだから、少なくとも、それなりの英語の「達人」なのであろう)、私にはとうてい信じがたい、唖然とさせられる内容である。
　ここまで本書を読んでいただいた読者には、もはやいうまでもないが、英語の文章で、特に理系英語において、a か the か、「どちらにしても大勢に影響せず、a でも the

Chapter 3
「理系英語の文法」を攻略する

でも皆さんが望まれるように直せばよい場合が多い」などということはあり得ない。はっきりいえば、そのようなバカげたことは絶対にない。もちろん、「一番大切なことは筋が通っているかどうか」であるが、a か the か、好き勝手に書いたのでは、決して筋が通った英文にはなり得ないからである。

また、同書中には、

冠詞だけは、われわれ日本人の苦手中の苦手で、私などは始めからあきらめていて、どうしてもという時にしか the をつけないくらいの覚悟で英文を書いています。(中略) 梅原氏が書かれておられるように、"簡潔に、明確に、細かいことは気にするな" というのが私からのお願いです。この先は、人それぞれ気楽に作文してください。
（渡辺剛「Ⅰ-4 若い研究者のお役に立てば」）

という大学教授からの「アドバイス」も見られる。

これらの記述に触れると、私は「やはり日本人は、英語、とりわけ理系英語における冠詞の重要性がわかっていないのだなあ」と悲痛な気持ちになる。もちろん、「気楽に」という言葉を文字どおりに解釈して、目くじらを立てるほどの石頭を私はもっていないが、英語における冠詞を気楽に考えてもらっては困るし、冠詞を気楽に考えるようでは English native に通じる英語を習得するにはほど遠い、ということを申し上げておきたい。

●「そこに山があるからだ」の山は、theかaか

　初期のイギリスのEverest登山隊の中心的存在として活躍し、1924年の第3次遠征において頂点を目指してそのまま消息を絶ったマロリー（George Mallory）が生前、「なぜ、山に登るのか」という質問に答えた「そこに山があるからだ」という言葉は、伝説的に有名である。この"山"が無冠詞の日本語だけに、「そこに山があるからだ」という言葉はきわめて禅問答的であり、神秘的ですらある。

　しかし、このマロリーの言葉のもとの英語は"Because it's there."であり、この"it"は"a mountain"ではなく"Mt. Everest"、つまり、ただ一つに決まる"the mountain"なのである。当然ながら、"a mountain"と"the mountain"では、話がまったく異なる。"a mountain"ならばただの山だが、"the mountain"はMt. Everestであり、それは世界最高峰の意味である。つまり、マロリーの答えは「そこに世界最高峰のEverestがあるからだ」という"挑戦魂"を述べた言葉なのである。

　ところで、旅に人生を委ねた放浪の俳人・種田山頭火に、

　　山あれば山を観る
　　雨の日は雨を聴く
　　春夏秋冬
　　あしたもよろし

Chapter 3
「理系英語の文法」を攻略する

　　ゆうべもよろし

という、私が大好きな自由律句があるが、こちらの"山"は山頭火の人生観からも、この句の意味からしても"the mountain"ではあり得ず、"a mountain"であるに違いない。

　もう一つ、シェイクスピア（W. Shakespeare）に感心させられた「a と the の話」を紹介しておく。このような一見、雑談風の英語に触れることも、English native の感覚に近づくために資すると考えるからだ。

　名作（シェイクスピアの作品はどれも"名作"ではあるが）『リチャードⅢ世（King Richard Ⅲ）』の第5幕第4場、急を告げるラッパの音とともに、自分の馬を倒された King Richard が歩いて登場する場面の台詞である（日本語は小田島雄志訳、白水社）。

> King Richard： A horse, a horse!　My kingdom for a horse!（馬をくれ、馬を！　馬のかわりにわが王国をくれてやる！）
> Catesby　　　： Withdraw, my lord. I'll help you to a horse.（いったんお退きを、陛下。馬は私が見つけます。）

　この King Richard の台詞中には "a horse" が3回出てくる。最初の2つはまったく同じ文の繰り返しだし、この場合の horse は「不特定の horse」だから "a horse" でよ

183

いのだが、最後の horse は「その馬のかわりにわが王国をくれてやる！」といっているのだから、文法に忠実であれば "the horse" でなければならない。

しかし、この急を告げる場で、King Richard は「馬であればどんな馬でもよい」と叫んでいる。King Richard の、"the horse" を用いずに "My kingdom for a horse." と "a horse" を使った台詞から、切羽詰まったようすがありありと目に浮かぶのである。

このように、文学作品においては、冠詞の使い方一つが大きな"表現力"となり得るため、必ずしも文法規則どおりにいかないことが少なくない。しかし、一貫した論理性が要求され、事実関係を厳格に記述することを使命とする理系英語においては、冠詞の用法は論理的に一貫しなければならない。

冠詞についての理解が深まったと思われるので、ここでもう一度 119 ページの Imagine 以下の文を読んで、"this instrument" の概略図を描く復習をしていただきたい。自分自身の英語力の向上を実感できるのではないだろうか。

●形容詞と数量詞の考え方

形容詞は物事の性質や状態を表す言葉で、直接的に名詞を修飾する「限定用法」と、動詞の補語になる「叙述用法」がある。以下、理系英語に密接に関係する前者について述べる。数量詞は、文字どおり数量を表す決定詞である。

Chapter 3
「理系英語の文法」を攻略する

○一般的に、形容詞はすぐ後の名詞の性質や状態を修飾する。

an excellent theory

a high concentration

poor qualities

a scientific method

注意 形容詞の enough は名詞の前でも後でもよいが、前に置かれるのが一般的である。
There is enough time for the investigation.
There is time enough for the investigation.

○形容詞を重ねる場合の順序は語調の関係もあるので一概にはいえないが、基本的な基準は次のとおりである。

1 限定詞	2 序数	3 数量	4 性状	5 大小	6 新旧	7 色	8 材料・所属	名詞
a			bright	small		blue		star
the	first	two			old	red	brick	fences
these	last	three	heavy			white	metallic	boards

これらのうち、1〜3の順序は変えることができない。
なお、174ページで述べた all のように、"全体"に関わるような意味をもつ"前置限定詞"はいちばん先頭に置かれる。

all the bright small blue stars

○次の場合は、形容詞が名詞（代名詞）の後に置かれる。

1）-thing で終わる不定代名詞を修飾する場合
    anything particular to note
    nothing special about size

2）-able、-ible で終わる形容詞が、all、every、最上級の形容詞を伴う場合
    We should perform all experiments possible.
    Every equipment available was tried.
    the smallest particle detectable

3）形容詞が説明句を伴う場合
    the difference appreciable to the optical microscope
    things necessary for the experiments
    the factors relevant to the description of the phenomena

●数量の程度 ── あいまいさを避けるべし

理系英語においては、数量を具体的な数値で示さなければならないことが多い。あいまいな表現は避けるべきではあるが、大まかな数・量を表す数量詞と、それに対応する"尺度"を図8にまとめる。しかし、理系英語においては、all／every と no（none）以外は使用を極力避けたいあいまいな言葉である。

あいまいな数量詞の中でも特にあいまいなのは、漠然と

Chapter 3
「理系英語の文法」を攻略する

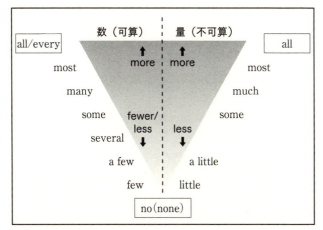

図8 数と量の尺度（『現代英語文法』〈コミュニケーション編〉G. Leech、J. Svartvik著、池上嘉彦、池上恵子訳／紀伊國屋書店より一部改変）

した数や量を表す some である。一般向けの解説などではともかく、学術的な論文の中で使われる言葉ではない。some は、原則として肯定文で用いられる。

We need some details about the accident.
（その事故についての詳細な情報がある程度必要である）
The reaction will emit some energy.
（その反応は、エネルギーをいくらか発散する）

なお、some が可算名詞の単数形の前につくと「ある、何かの」という意味になる。

187

数量詞 any は some に対応する言葉で、原則として疑問文、否定文、条件節（if〜などの節）に用いられるが、any が肯定文に用いられると「どんな〜でも」を表す強調の意味になる。

Any inert gas can be used as the carrier in the furnace.
（どのような不活性ガスでも、炉の中のキャリアーとして使える）

● 「概数」をどう表すか

図 8 に示される語のうち、all / every と no（none）以外の単語の意味はすべて漠然としているが、一定範囲を限定する概数（たとえば「数千」「数万」など）の表現の例を以下に列挙する。

a couple of elements（二、三の〜）
tens of components（数十の〜）
hundreds of kilowatts（数百の〜）
tens of thousands of molecules（数万の〜）
millions of bacteria（数百万の〜）
hundreds of millions of stars（数億の〜）

● 修飾の程度

形容詞や数量詞の限定、あるいは修飾の内容の"程度"を表現するのが副詞である。

Chapter 3
「理系英語の文法」を攻略する

　副詞には形容詞、数量詞のほかに動詞や他の副詞、また、句・節・文を修飾するなど多くのはたらきがあるが、ここでは、形容詞や数量詞が意味する内容の修飾の"程度"についてのみ述べる。

　しかし、図8に示す多くの数量詞が具体的意味を欠いたあいまいな表現になるのと同様、副詞によって表現される"程度"もまた、あいまいになることに留意していただきたい。理系英語においては、あいまいな意味の数量詞や副詞の使用を極力避け、具体的な数値で表現すべきことを再度、強調しておく。

　なお、一般の副詞の中には、「形容詞に -ly をつけたもの」と「形容詞と同形のもの」とがあるが、次の例のように -ly の有無で意味が異なるものが少なくないので注意が必要である。

　　late（遅く、遅れて）− lately（最近、このごろ）
　　hard（激しく、固く、かろうじて、など）− hardly（ほとんど〜ない）
　　most（一番〈最上級を作る〉）− mostly（たいてい、ほとんど）

● 副詞を置くべき場所

　enough のような例外を除き、修飾対象の直前に置くのが原則である。
①形容詞の修飾
　　<u>considerably</u> higher densities（<u>かなり</u>高い密度）

a <u>deeply</u> serious failure（とても深刻な失敗）

②数量詞の修飾

<u>approximately</u> 1-5 microns

<u>almost</u> half of the products

<u>extremely</u> many bacteria

<u>near</u>（nearly）1000K

<u>roughly</u> 20 to 20,000Hz

enough は例外的に、修飾する形容詞の後に置かれる。修飾対象が動詞、副詞の場合も同様である。

動詞の修飾については、3.2.4項で述べる。

▶注意を要するwellとonly

何度も繰り返しているように、理系英語においてあいまいさは厳禁であるが、well が何を修飾するかについては注意が必要である。たとえば、

The system works <u>well</u> under the temperature.

という英文の意味を考えていただきたい。

この well がクセモノなのである。つまり、この英文を見る限り、"works well" なのか "well under" なのかによって、"the system" の特性がまったく異なってしまうのである。もちろん、"読み方" を変えれば意味が限定される。

また、次に示す文例で、only の位置の違いで文意がどれだけ変わってしまうかを考えていただきたい。

a) <u>Only</u> our company tested the system for the experiment yesterday.

b) Our company <u>only</u> tested the system for the experiment yesterday.

c) Our company tested <u>only</u> the system for the experiment yesterday.

d) Our company tested the system <u>only</u> for the experiment yesterday.

e) Our company tested the system for the experiment <u>only</u> yesterday.

　この例のように、場合によっては副詞になったり、形容詞になったりする語は、その位置によって修飾する対象が異なるので注意が必要である。

3.1.3　「英語力」に直結する関係詞

　先行する語句（先行詞）を節（一組の主語と述語から成るまとまり）で限定、修飾する場合、それらを結びつけるのが関係詞である。以下に示すように、代名詞のはたらきをしながら文（節）と文（節）とを結ぶのが関係代名詞、副詞のはたらきをしながら両者を結ぶのが関係副詞である。

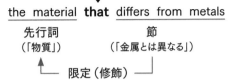

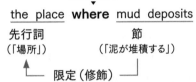

　このような関係代名詞、関係副詞を用いることによって、英語の表現の幅を飛躍的に拡大することができる。また、関係詞を理解すると、英文のしくみがよくわかり、読んだり書いたりするのが楽しくなるはずだ。理系英語において多用される表現法なので、関係詞に習熟することはきわめて大切である。事実、極端なことをいえば、関係詞の習熟度は「英語力」そのものに直結する。

●関係代名詞を攻略する──重要なのはwhichとthat

　関係代名詞として機能する単語には、which、who、that、whatなどがある。
　whatは、先行詞(修飾対象となる名詞)を兼ねた複合関係代名詞とよばれる。当然のことながら、これらが関係代名詞として使われるときは、普通の代名詞の意味にはな

Chapter 3
「理系英語の文法」を攻略する

らない。これらの関係代名詞の中で、理系英語において特に重要なのは which と that である。普通の代名詞（we、they、it など）と同様に、関係代名詞にも「格」（主格、所有格、目的格）がある。

関係代名詞は、先行詞が「人間」か「人間以外」か、また後述する「限定（制限）用法」か「非限定（非制限）用法」かによって使い分けられるが、それらの用法と格を以下にまとめる。

	限定および非限定用法		限定用法
先行詞	人間	人間以外	人間および人間以外
主格	who	which	that
所有格	whose	whose (of which)	
目的格	whom	whom	that

▶ 限定用法と非限定用法

関係詞は基本的に先行詞を限定するものであるが、その限定の仕方が補助説明的に限定する場合にも用いることができる。このような用法を、厳格な限定（制限）用法に対して非限定（非制限）用法とよぶ。非限定用法は、挿入用法とよばれることもある。

例として、次の2文を読み比べてみてほしい。

a) The metals which have excellent properties can be used for the specific purpose.
（優れた性質をもっている金属は、その特定の目的

のために使うことができる）

b) The metals, which have excellent properties, can be used for the specific purpose.
（その金属は、優れた性質をもっているので、その特定の目的のために使うことができる）

aが限定用法で、「優れた性質をもっている金属」に限っての話であるのに対し、bは非限定用法で「優れた性質をもっているので」という説明を挿入している。

また、

a) The materials which differ from metals are semiconductors.
b) The materials, which differ from metals, are semiconductors.

のaは限定用法、bは非限定用法であるが、いずれも論理的（科学的）に可能だろうか。

aは「金属と異なる物質は半導体である」の意味であるが、「金属と異なる物質」は半導体ばかりではなく、絶縁体のほかにもたくさんの種類があるだろうから、論理的（科学的）におかしなことになる。一方のbは、「金属と異なる」ということがsemiconductorであるthe materialsの挿入的説明になっているので問題ない。

以上の例からもわかるように、非限定用法の場合、関係詞の前（先行詞の後）にコンマ（,）が置かれる。

Chapter 3
「理系英語の文法」を攻略する

which

ここで改めて、関係代名詞の which の用法について考えてみる。

a) The theory was proposed by Einstein.
b) It is not easy to understand.

という2つの文において、「同じもの」を指す the theory と It を関係代名詞 which を使って1つの文にすると、

The theory which was proposed by Einstein is not easy to understand.

となる。これは関係代名詞の限定用法で、この場合の which は主格である。

上記の2つの文を、非限定用法で1つの文にすれば

The theory, which was proposed by Einstein, is not easy to understand.

となるが、両者の意味の違いは読者自身で考えてみていただきたい。

次に、

a) We proposed a theory.

b) The essence of the theory is simple.

という2つの文を、関係代名詞 which の所有格である whose を使って1つの文にすると、

We proposed a theory whose essence is simple.

となる。これは、whose の代わりに of which を使って

We proposed a theory of which essence is simple.

あるいは、

We proposed a theory the essence of which is simple.

と書くことができるが、これらは口語ではあまり使われない。

なお、whose の中には "the" が含まれるが、of which には "the" が含まれないので、"the essence" としなければならないことに注意されたし。

a) The article on the theory was published in *Physical Review*.
b) I wrote the article.

という2つの文を、関係代名詞で結んで1つの文にすると、

The article on the theory which I wrote was published in *Physical Review*.

となる。

誤解を避けるためには、関係代名詞は先行詞のなるべく近くに置くべきであるため、文意によっては、上記の文は

The article which I wrote on the theory was published in *Physical Review*.

と書くことも可能である。このようなwhichが、関係代名詞whichの目的格である（形は主格と同じ）。

that

whoが人間、whichが人間以外の先行詞に用いられるのに対し、thatは人間、人間以外の生物、無生物のすべての先行詞に用いることができる。したがって、極端なことをいえば、関係代名詞の主格としてはthatだけを知っていればよいことになる。実際、理系英語において、最も多用される関係代名詞はthatである。

しかし、thatには限定用法のみが許されるという規則がある。また、thatは関係代名詞のほかに指示代名詞や接続詞として使われることも少なくないので、誤解・誤読

を避けるためには、関係代名詞としての that を安易に使うべきではない。

関係代名詞の用法の基本は193ページの表に示したとおりだが、特に次のような場合には that を使う。

①先行詞が「唯一」や「最上級」の意味の修飾語を伴う場合

The first and the simplest driving force that develops sciences is curiosity.

This is the only material that can be applied to almost every process.

②先行詞が「全」あるいは「無」の意味の修飾語を伴う場合

All semiconductors that have the direct bandgap can be used for the optoelectronics.

Nothing that we proposed satisfied the request.

これらのほか、先行詞に人間と人間以外のものが含まれる場合、先行詞が人間の性質などを示す場合、疑問詞（who、what、which など）が先行詞の場合などに、that が限定的に使われるが、理系英語でこれらが登場する機会はほとんど皆無である。

Chapter 3
「理系英語の文法」を攻略する

what

193ページの表にまとめた関係代名詞は、すべて先行詞を伴うものであるが、関係代名詞 what は複合関係代名詞とよばれ、それ自体に"先行詞"が含まれているために、先行詞を伴うことがない。つまり、「〜するところのもの」「〜するところのこと」を意味し、この「もの」「こと」が"先行詞"の正体なのである。このような what が理系英語の文章語に登場することはほとんどないが、口語としての慣用表現は少なくない。

なお、what に導かれる節は名詞（〜のもの、〜のこと）のはたらきをするので、次のように、文中では主語、補語、目的語のいずれにもなり得る。

> What he proposed was a revolutionary system.［主語］
> This is what he wanted to show.［補語］
> Tell me what you know about his theory.［目的語］

以下、関係代名詞 what を含む慣用表現の例をいくつか列挙する。

> We lost control of the plane and, what was worse, it caught fire.（なお悪いことに）

> A is to B what C is to D. = What A is to B, C is to

D. （AとBの関係は、CとDの関係と同じ）

What with A and (what with) B = what by A and (what by) B （AやらBやらで）

whoever／whichever／whatever

これらも what と同様、先行詞を含む複合関係代名詞であり、それぞれ who、which、what に「〜でも」という意味が加わったものである。

Whoever found something first is called the discoverer. （誰でも何かを最初に見つけた人が発見者とよばれる）

You can use whichever you like. （どちらでも好きなほうを使うことができる）

He will pursue whatever he thinks possible. （彼は可能と思われるものは何でも実行するだろう）

●前置詞を伴う関係代名詞

文意（構文）によっては、関係代名詞に前置詞を伴う場合がある。

a) This is the paper. （これがその論文である）
b) I spoke of the paper the other day. （先日、私

はその論文のことを話した)

これら2つの文を、関係代名詞で結んで1つの文にすると、

⟨A⟩ This is the paper of which I spoke the other day.
⟨B⟩ This is the paper which I spoke of the other day.

のいずれかになるが、Aと比べてBのほうがやや口語的である。
また、

a) This is the laboratory.
b) He works in it.

の2つの文を、関係代名詞で結んで1つの文にすると、

⟨A⟩ This is the laboratory in which he works.
⟨B⟩ This is the laboratory which he works in.

となる。また、この文は後述する関係副詞 where を用いて、

This is the laboratory where he works.

と書くことができる。

●関係代名詞を省略できる場合

　限定用法の関係代名詞に限って、関係代名詞を省略できる。特に口語では省略するのが普通であるが、簡潔明瞭、かつ正確さが要求される理系英語においては省略しないほうがよいと判断できる場合も多い。以下、（　）内が省略可能な関係代名詞である。

①関係代名詞が、関係詞節の中で動詞または前置詞の目的語になるとき

　　The comet (which / that) you saw is known as Halley's Comet. ［動詞の目的語］

　　This is the report (which / that) he spoke of. ［前置詞の目的語］

②関係代名詞が be 動詞の補語になるとき

　　The director of the institute is not the man (that) he was ten years ago.
　　（その研究所の所長は、10年前の彼ではない［変わってしまった］）

③関係代名詞の後に "we think"、"they say" などが挿入されるとき

You will find many of those qualities (which / that) we think are typical of the new product.

④ There is、Here is、It is（複数も同じ）で始まる文のとき
Here is the only theory (that) explains the experimental results.

⑤関係代名詞の後に "there is" がつくとき
This is the only way (that) there is left to us.

● 関係副詞の使い方

　関係副詞は、基本的に副詞のはたらきをしながら文と文を結ぶもので、具体的には場所、時間、理由、方法を修飾する。一般的に用いられる関係副詞は where（場所）、when（時間）、why（理由）、how（方法）で、that は where、when、why などの代わりに使える便利な関係副詞である。

　関係代名詞の場合と同様、先行詞がある場合／ない場合、限定用法／非限定用法（where と when の場合に限られる）、また関係副詞が省略できる場合などがある。

　関係代名詞と関係副詞には共通点もいくつかあるので、それらのはたらきについて、以下の例文で確認しておこう。

① This is the laboratory. He works in it.
      which ← 代名詞
      関係代名詞

→ This is the laboratory in which he works.
     先行詞 ← 関係代名詞

② This is the laboratory. He works there.
      where ← 副詞
      関係副詞

→ This is the laboratory where he works.
     先行詞 ← 関係副詞

 上記①と②は同じ意味だから、where = in which の関係が成り立つ。同様に、when = at which の関係も成り立つ。このように、関係副詞には〈前置詞＋関係代名詞〉で置き換えられるものもある。

where

①先行詞がある用法

 a) In an MOS transistor, the source and drain are the regions where the majority carriers exist.〈限定用法〉

 b) The n-type source and drain regions, where the majority carrier electrons exist, are formed in the p-type semiconductor.〈非限定用法〉

②先行詞がない用法
   a) That is (the area) <u>where</u> the impurities deposited.
   b) Apply a seal (at any place) <u>where</u> water leaks.

when

①先行詞がある用法
   a) The pinpoint time <u>when</u> the reaction began was uncertain.〈限定用法〉
   b) The year 1948, <u>when</u> the point-contact transistor was announced, should be memorized as the first year of the electronics age.〈非限定用法〉

②先行詞がない用法
   We cannot recall (the time) <u>when</u> there was no cell phone.

why

　関係副詞 why の先行詞は、reason（理由）に限られる。"the reason why 〜" の形で理系英語に頻出する。why の先行詞は reason に決まっているので、省略すると意味を為さない場合を除いて、reason が省略されることが多い。たとえば、

a) The reason <u>why</u> the temperature became high is not clear.
b) There is no reason <u>why</u> we should use vacuum tubes anymore.
c) This is (the reason) <u>why</u> we proposed the experiment.

におけるa、bのような場合は先行詞 reason を省略できないが、cのような場合は省略しても意味が通じるし、特に口語の場合は省略されるのが普通である。これは、

This is (the place) <u>where</u> contamination occurred.

Now is (the time) <u>when</u> you have to ignite the explosive.

のような文においても同様である。

しかし、文章語の場合、先行詞がきちんと書かれたほうが落ち着くし、文意の明瞭さを重視する理系英語においては先行詞を極力省略すべきではないと思われる。

how

関係副詞 how は、つねに手段・方法を表すので、意味上の先行詞は way (やり方、仕方) である。この way はいつも省略されるので、

Chapter 3
「理系英語の文法」を攻略する

This is the way how it happened.

という文は重複の感を否めず、

This is how it happened.
This is the way it happened.

のいずれかになる。

つまり、how = the way と考えればよいだろう。how と the way が「＝」なのだから、特別に "the way how" を強調するような場合を除けば、両者が同時に用いられることはない。

that

that は、関係副詞として when、where、why などの代わりに使える。したがって、いままでに挙げた文例の関係副詞をすべて that に置き換えることが可能であるが、when = that の用例が最も多い。

▶ 関係副詞が省略できる場合

関係代名詞の場合と同様、関係副詞が省略される場合も少なくない。それは、先行詞が省略されても意味が通じる場合と同様に、関係副詞が省略されても意味が通じるような場合である。すでに示した「先行詞省略の文」(a) と「関係副詞省略の文」(b) を併記してみよう。

a) That is (the area) where the impurities deposited.
b) That is the area (where) the impurities deposited.

177ページの⑤の "where" も省略できる。

a) We cannot recall (the time) when there was no cell phone.
b) We cannot recall the time (when) there was no cell phone.

a) This is (the reason) why we proposed the experiment.
b) This is the reason (why) we proposed the experiment.

関係副詞の省略は可能であり、事実、口語の場合は省略されるのが普通であるが、すでに述べた理由により、理系英語においては安易に省略すべきではない。

Chapter 3
「理系英語の文法」を攻略する

3.2 「どうする・どうある」の文法
―― 動詞と態を使いこなす

　文章は"何か・誰か"が、"何かの動作をすること"あるいは"何かの状態にあること"を表現するものである。以下、"どうする（動作）・どうある（状態）"表現の文法について説明する。

　英語の文は、一般に「主語（名詞・名詞句）+ 述語」を中心に成り立っているが、この述語の役割を果たすのが動詞である。文（文章）の"役目"を考えるならば、動詞が果たす役割は決定的に重要といえる。したがって、動詞に関係する文法、ひいては動詞の性質と密接にかかわる構文に、徹底的に習熟することが肝要である。

3.2.1　動詞の性質と基本文型

▶ 基本的な「型」と「構造」を知る

　文の骨格は、「主語（名詞・名詞句）+ 述語」である。このような骨格に「目的語」や「補語」がつくことで文意が拡がっていくが、動詞にはさまざまな"型"があり、その型によって構文（文の構造）が決まる。

　私が愛用している *Hornby* では、すべての動詞を 50 型に細かく分類している。これらの動詞の性質は大まかに 5 種にまとめられ、それをもとに文の構造が次の 5 つの「基

本文型」に分けられる。

　以下、これらの基本文型について簡単に触れるが、「文型」を憶えることには意味がない。また、どの動詞がどの動詞型に属するのかなどを憶えることにもあまり意味がない。実際の英文に触れる中で、登場する動詞の性質について英英辞典に出てくる例文や、"書く力の強化法"で述べた筆写を通じて習熟していくべきである。

　以下の説明で、S（subject）は主語、V（verb）は動詞、O（object）は目的語、C（complement）は補語を意味する。また、目的語の中で直接目的語をDO（direct object）、間接目的語をIO（indirect object）で表す。

第1文型：S＋V

　目的語Oや補語Cを伴わない動詞が作る文型で、

　　The temperature rose.
　　Animals breathe, drink and eat.

などが相当する。

第2文型：S＋V＋C

　この文型で使われる代表的な動詞は、be動詞、become、get、grow、turn、look、seemなど。

　　The sun is round.
　　The Mars is a planet.

Chapter 3
「理系英語の文法」を攻略する

Caterpillars become butterflies.
It seems clear.

第3文型：S+V+O

　この第3文型は、英文で最も多用される文型である。Vは目的語Oを1つ伴う動詞で、Oになるのは名詞、代名詞のほか、不定詞、動名詞、名詞句、名詞節などである。

The Newton's theory expects the movement.
All the results satisfy Einstein's theory.
We understand the experimental result.

第4文型：S+V+IO+DO

　目的語を2つ伴う動詞。「〜に」の「〜」が間接目的語IO、「〜を」の「〜」が直接目的語DOである。

The sun gives <u>us</u> <u>huge energy</u>.
　　　　　　 IO　　 DO

　この文型は、第3文型を使って「S + V + O + to / for 〜」のように書き換えることができる。

The sun gives <u>huge energy</u> to us.
　　　　　　　　　O

第5文型：S＋V＋O＋C

Vは、目的語Oおよび目的格補語Cを伴う動詞である。補語Cになるのは名詞、形容詞、副詞、分詞、句、節などである。

> We call the phenomenon segregation.
>   O   C（名詞）
>
> We found the cylinder empty.
>   O   C（形容詞）
>
> We put the instrument laid down.
>   O   C（過去分詞）

▶be動詞 ── 状態動詞の雄

無数にある英語の動詞の中で、be動詞は状態動詞、doは動作動詞、haveは状態／動作動詞の代表であり、最も基本的な動詞である。また、doとhaveは、助動詞としても使われるという共通の性質をもっている。

これらの動詞の一般的な英語における重要性は説明するまでもないが、doやhaveが動詞として理系英語に登場することはほとんどないので、ここではbe動詞についてのみ述べることにする。

基本的に、be動詞は上記の「第2文型：S＋V＋C」の構文、つまり「S＋be＋C」の型で使われる。次の例文のように、Cは名詞（句）、形容詞（句）あるいは副詞（句）である。

Chapter 3
「理系英語の文法」を攻略する

The materials are conductors. [名詞]
(その物質は導体である)
shiny. [形容詞]
(その物質は輝いている)
there. [副詞]
(その物質はそこにある)
on the table. [副詞句]
(その物質はテーブルの上にある)

このほか、be 動詞が関係する理系英語における重要な構文を以下に示す。

▶ There is/are ...の構文

There are four basic forces in nature.
(自然界には、4つの基本的な力が存在する)

注意 人工物を除く、あらゆるものを含む外的世界を意味する "nature（自然、自然界）" には冠詞をつけない。

この "there is 構文" は、"There is" の後に "no"、あるいは "little" をつけて、それぞれ「まったくない」「ほとんどない」の意味で使われることも少なくない。

There is no chemical reaction between inert gasses.
There is little interaction between oxygen and gold.

▶ It is ...の構文

理系英語でしばしば登場する構文で、重要なのは次の3つの基本型である。

A. It is ＋ [形容詞] ＋ [to 不定詞]

It is easy to define force as any kind of a push or a pull.

It is very important to distinguish between "mass" and "weight."

It is possible to communicate directly with any systems.

It is difficult to maintain the accurate temperature of the equipment.

B. It is ＋ [形容詞] ＋ that ＋ 〈S＋V〉

It is important that we maintain the appropriate temperature of the equipment.

It is obvious that the two phenomena mean different causes.

C. It is ＋ [過去分詞] ＋ that ＋ 〈S＋V〉

Chapter 3
「理系英語の文法」を攻略する

この構文は、次項で述べる受動態構文でもある。

It is estimated that 90% of the material is gold.

It is expected that the calculation can prove the theory.

3.2.2 動作主は「誰」か?

▶人称と数、時制の一致

話し手(書き手)との関係、区別を示すのが"人称"であり、それは以下のようにまとめられる。

話し手(書き手)	一人称	I、we
聞き手(読み手)	二人称	you(単数、複数)
第三者	三人称	he、she、they、it、名詞(162ページ図7参照)

日本語の場合、動作主(主語)が「私」「あなた」「彼・彼女」「彼ら」でも、あるいは犬や猫でも、使う動詞の形が同じなので、"人称"は問題にならない。しかし英語では、動作主が単数か複数か、また人称、時制(3.3節参照)によって動詞の形が異なり、それらは互いに"一致"しなければならない。動詞の現在形、過去形については、3.3.1項で詳述する。

動詞の変形自体は簡単だが、主語を単数と考えるか複数と考えるかの判断に迷う場合がある。このような場合、文法上の原則よりも、"意味上の一致"を考えることが大切である。以下に実例を示す。

A variety of equipment use the new IC chips.
（多様な機器がその新しい IC チップを使用している）

この文の主語は、単数 "A variety of equipment" なので、文法上、動詞は "uses" になるべきだが、主語の意味は明らかに複数なので "use" が使われている。

また、次の例のように、2つの名詞（句）が "or" あるいは "either A or B" で結ばれている場合、動詞の形は最後の名詞（句）にしたがうのが原則である。

Either the connectors or the IC chip is out of order.
（そのコネクターか IC チップのいずれかが故障している）

Either the IC chip or the connectors are out of order.
（その IC チップかコネクターのいずれかが故障している）

● 「理系英語」ならではの分詞構文

分詞は、ある種の"状態"を示し、現在分詞（-ing 形）

Chapter 3
「理系英語の文法」を攻略する

と過去分詞(-ed形)がある。たとえば、後述する進行形の動詞は現在分詞で、完了形の動詞は過去分詞である。また、受動態には過去分詞が使われる。

分詞にはさまざまな用法があるが、以下、重要かつ有用な表現法である分詞構文について述べる。分詞が構文として使われるのが「分詞構文」であるが、この「構文」とは、「それ自体で一つの事柄を表せる表現」のことである。

分詞構文が使われる位置は文頭か文尾が一般的だが、文中に使われる場合もある。言葉での説明はさておき、圧倒的によく使われる現在分詞を使った分詞構文が文頭に置かれる実例を以下に示す。このような分詞構文は、理系英語にしばしば登場する。

① <u>Considering</u> the experimental results, we confirm the Maxwell's equations.
(実験結果を考慮し、マクスウェル方程式を確証する)
② <u>Completing</u> the analyses, we conclude that 〜 .
(分析を完了し、〜という結論を下す)
③ <u>Using</u> the Newton's equation, we calculated the attraction of the moon.
(ニュートン方程式を使って、月の引力を計算した)

次の例のように、後述する完了形との併用も可能である。

④ <u>Having</u> performed careful observations, we proposed the hypothesis.

（綿密な観察を完遂することによって、仮説を提案した）

▶分詞構文を使いこなすための「鉄則」

分詞構文は、分詞が we を主語とする主文を副詞的に修飾するもので、うまく使いこなせば、英語らしい英文を書くうえできわめて強力な武器になる。しかし、「分詞の意味上の主語が、主文の主語と一致しなければならない」という原則を忘れてはならない。

たとえば、上記の①〜④が、次のように誤って書かれることが少なくない。

① ́ <u>Considering</u> the experimental results, the Maxwell's equations are confirmed.
② ́ <u>Completing</u> the analyses, it is concluded that 〜 .
③ ́ <u>Using</u> the Newton's equation, the attraction of the moon was calculated.
④ ́ <u>Having</u> performed careful observations, the hypothesis was proposed.

これらは、English native の英語にさえしばしば見られる誤りなので、なぜ誤りなのかを詳しく説明しておく。

① ́ の文では、"the Maxwell's equations" が "the experimental results" を consider することになってしまう。"the Maxwell's equations" は confirm されるものであっ

Chapter 3
「理系英語の文法」を攻略する

て、consider する主体にはなれない。②′〜④′も同様で、it、the attraction of the moon、the hypothesis は、論理的に行為の主体になれない。

つまり、主文の主語は動作の主体でなければならない。もちろん、この主語は I でも you でも they でも、意味上の主語であればなんでも可能だが、理系英語では特殊な場合を除いて、一般的に使われるのは we である。

上記の①′〜④′の文は、主語がない（しかし、真の主語が何であるかについては暗黙の了解がある）日本文を不用意に英訳したような文である。

これまでに日本人が書いた英文を読んできた私自身の経験からいえば、このような分詞構文の誤りは、ある level 以上の英語力の持ち主が犯しやすい傾向にある。しかし、これは、英語を母国語とする English native でも犯しやすい誤りのようで、代表的な英文法書である *A Comprehensive Grammar of the English Language*（R. Quirk et al., Longman）の中にも、ありがちな英文の誤りとして、次のような例が挙げられている。

① <u>Driving</u> to Chicago that night, a sudden thought struck me.
② Since <u>leaving</u> her, my life has seemed pointless.
③ <u>Walking</u> down the broad way, a tall building came into view.

これらの文がなぜ誤りなのか、読者自身で考え、納得し

ていただきたい。

なお、本来は分詞構文の文法として誤りなのだが、主として口語で用いられる慣用句として許されているものに、次のような例がある。

Strictly speaking, the phenomenon will never occur.
（厳密にいえば、その現象は決して起こらないだろう）

Generally speaking, the metal will melt at the temperature.
（一般的にいえば、その金属はその温度で融けるだろう）

Judging from the observation, those atoms should be bonded together.
（観察結果から判断すると、それらの原子は結合しているに違いない）

Assuming the experimental result is correct, the material resolved into oxygen and iron.
（実験結果が正しいと仮定すると、その物質は酸素と鉄に分解した）

分詞構文の誤りとよく似た誤りが、"to 不定詞" を用いた文にもしばしば見られる。たとえば、次の文をじっくり

読んで、誤りを見つけていただきたい。

> To investigate the effect of carbon on the behavior of oxygen in silicon crystals, the samples with and without carbon doping were prepared.

いかがだろうか。

念のために、この英文の意味を記すと「シリコン結晶中の酸素の挙動に与える炭素の影響を調べるために、炭素を添加したシリコン結晶試料と添加しないシリコン結晶試料が用意された」である。

この英文では、the samples が the effect を investigate することになってしまう。上記の日本文を不用意に英訳すると、このような英文になりがちである。この英文のように、賢い samples があれば研究も楽なのであるが、実際は人間自身が investigate しなければならないだろうから、正しくは

> To investigate the effect of carbon on the behavior of oxygen in silicon crystals, we prepared the samples with and without carbon doping.

のように書かれなければならない。

▶ 受動態の効用

英語には、主語が動作主である能動態と、主語が動作を

受ける受動態がある。受動態は〈主語 + be 動詞 + 過去分詞〉の形で表される。

能動態と受動態の典型例を以下に示す。

Edison invented many electric appliances. ［能動態］
（エジソンは多くの電気機器を発明した）

Many electric appliances were invented by Edison. ［受動態］
（多くの電気機器がエジソンによって発明された）

現象や観察結果や事実を、主観を交えず客観的に述べることを使命とする理系英語においては、主語をできる限り"非個人的（impersonal）"にする傾向がある。具体的にいえば、一人称の"I"や"we"を主語にすることをなるべく避けようとするのである。

しかし、特に研究論文などにおいては、実質的な主語は"I"や"we"であることが多いから、理系英語では必然的に受動態の文章が重要であり、事実、多くなる傾向がある。

たとえば、

a) We <u>examined</u> the soil and <u>found</u> it contained dioxin. ［能動態］
（われわれはその土壌を検査し、ダイオキシンが含まれていることを見出した）

よりも、

b) The soil was examined and was found to contain dioxin. ［受動態］
（その土壌は検査され、ダイオキシンが含まれていることが見出された）

のほうが普通である。

あえて理屈を述べれば、aの能動態の文では"we"という"個人（某）"がexamineし、findしただけであって、それが客観的事実であるかどうかは保証の限りではない。仮に、ほかの誰かがexamineしても、findできないかもしれないからである。ところが、bの受動態の文では、examineしたのが誰であれ、the soilの中にdioxinがfindされたという客観的事実が強調される。

しかし、前掲の *The Craft of Scientific Writing*（『理科系の英文技術』）で著者のM. Alleyは、「多くの科学者や技術者が、理科系の文章は受動態で書かれるべきだ、と考えているが、それは誤りである。理科系の文書の目的は、読者に、ある情報をできる限り効果的に伝達あるいは説得することであり、最も効果的なのは率直に書くことなので、最も率直な動詞形、文体を用いて書くべきである。いうまでもなく、受動態は書くスピードも、効果も低めるものである」と、盲目的な受動態の使用を戒めている。

そのような実例として挙げられたのが、

The feedthrough* was composed of a sapphire optical fiber, which was pressed against the pyrotechnic that was used to confine the charge.

＊：フィードスルー（両面間接続端子）

のように受動態に満ちた文である。確かに、それほど長くない1つの文の中に受動態が3回も使われるとウンザリするのは事実である。

　もちろん、すべての受動態が悪いわけではない。客観的事実を述べる理系英語においては受動態が非常に重要であり、事実、受動態で書くべき場合が少なくないことを強調しておきたい。

　余談ながら、アメリカ時代に初めて知った「いい言葉だなあ」と思った語の中に "gifted" がある。この gifted は gift の過去分詞であるが、"He is a gifted child.（彼は天才児だ）" のように使われるのである。日本語の「天才」に対してすぐに頭に浮かぶ英単語は "genius" であり、たとえば「彼（南方熊楠のような人）は語学の天才である」というような日本語の英訳としてすぐに頭に浮かぶのは、

He is a linguistic genius.
He has a genius for language.

のような英語であるが、English native にとってより自然な英語は、

Chapter 3
「理系英語の文法」を攻略する

He is gifted with linguistic talent.

のような、受動態を使った英語である。また、この gifted は「天才的ピアニスト」「天才的物理学者」などに "gifted pianist"、"gifted physicist" として使われる。

このような "gifted" の使い方を私に教えてくれたアメリカ人は、「"gift" というのは神様から与えられた "natural ability" であるから、そのような gift を与えられた人 (gifted person) は自分の才能をひけらかしたり、威張ったりしてはいけない。世のため人のために、使わなければいけないのである」といっていた。"gifted"、とてもいい言葉である。

▶主語が一人でも "we" とすべし

先ほど述べたように、事象を客観的に述べることを使命とする理系英語においては、一人称の "I" はもとより、"we" を主語にすることは極力避ける傾向にあった。実際に、私が現役の研究者として1年に数報の論文を書いていた1980年前後には、"I" を主語にした原著論文は見たことがなかったし、"we" を主語にした文もまれであった。

しかし、最近は理系英語でも "we" を主語にすることが珍しくなく、私自身の経験からも「"we" を主語にしてはいけない」という "呪縛" から逃れられた後は、英文がじつに書きやすくなったのも事実である。

結論をいえば、理系英語においても、"we" を主語に使うこと自体にはなんら問題はないし、最近は "we" を主語

にした論文が少なくない。ただし、この"we"は"一人称複数のwe"ではなく、"客観的なwe"であることを忘れてはならない。したがって、たとえ著者が一人の場合でも、主語は"I"ではなく"we"になる。

それでは、理系英語の文章で"I"を主語にすることが絶対にないのかといえば、そういうわけではないが、ほとんどないのが実情である。例外としては、学会の招待講演、特に自身の長年にわたる業績をreviewするような記念講演などのoral presentationの場合はあり得るし、私も実際に聴いたことがある。

私が知る範囲で、主語に"I (Ich)"を使って論文を書いたのは、アインシュタイン（Einstein）だけである。

アインシュタインは、単著論文"Zur allgemeinen molekularen Theorie der Wärme（On the General Molecular Theory of Heat）"（*Annalen der Physik*, 1904）で、主語に"Ich (I)"を使っている。まあ、アインシュタインほどの独創性の持ち主が自らの論文に"I"を使ったからといって、文句をいう人はいないだろう。私が思うに、堂々と"I"を使えるのはアインシュタインとニュートンくらいではないだろうか。

ちなみに、有名な「相対性理論」の"Zur Elektrodynamik bewegter Körper（On the Electrodynamics of Moving Bodies）"（*Annalen der Physik*, 1905）においては、単著論文でありながら、アインシュタインは"Wir (we)"を主語に使っている。

Chapter 3
「理系英語の文法」を攻略する

▶ the authorは?

"I" や "we" に代わる主語として、"the author (s)" をときどき見かけるが、これはいかにも改まったいい方である。使うとしても、次のように acknowledgements（謝辞）を述べる場合に限るべきだろう。

> The author wishes to thank Dr. A, whose valuable suggestions and discussions were helpful for this manuscript.
> （本稿をまとめるにあたり、有益な提案や議論をしていただいたA博士にお礼を申し上げたい）

なお、

> In this paper, the authors assumed that all collisions were elastic.
> （本論文では、筆者はすべての衝突は弾性的であると仮定した）

のような文脈で "the authors" を使うと、この論文には ghostwriter がいるのではないか、と誤解されることもあるそうだから注意が必要である（前掲 *The Craft of Scientific Writing*）。この論文の冒頭には著者名が出ているのに、ここであえて "we" の代わりに "the authors"（本当の authors？）を使っているためである。

227

●受動態の効果的用法

①文に客観性をもたせる場合

これは、222〜223ページのa、bの文例で説明したとおりである。理系英語においては、この理由から受動態が多用される。

②「行為者」が誰だかわからない、または述べる必要がない場合

> Magnetic phenomena were first found in ancient Greece.
> (磁場の現象は、古代ギリシャで初めて発見された)

というような文では、"magnetic phenomena" を最初に "find" したのが「誰」であるかを述べるのは困難であり、また文脈から誰であるかを述べる必要がない。

> A variety of X-ray diagnoses are used at any hospitals in the world.
> (多様なX線診断法が世界中の病院で使われている)

のような文の場合も同様である。

また、何らかの理由によって、その行為者が誰であるかを述べたくない、知られたくないといった場合には、受動態を使わざるを得ないだろう。

Chapter 3
「理系英語の文法」を攻略する

③「行為者」を強調する場合

　理系英語の場合、人間であろうが道具や装置であろうが、その「行為者」、具体的には動作の主体、手段、方法が重要な意味をもつことが少なくない。「行為者」を強調する場合、受動態が絶対的である。

④頭でっかちな文を避ける場合

> The new process for examining transition metal impurities on silicon wafer surfaces improved the device performance.
> （シリコン・ウエーハ表面の遷移金属不純物を調べる新しいプロセスは、そのデバイス性能を改善した）

という文の主語は下線部で、述部の "improved the device performance" に比べてあまりにも頭でっかちのため、いささか不恰好である。このような不恰好な文は、

> The device performance was improved with the new process for examining transition metal impurities on silicon wafer surfaces.

のように、受動態を使うことによって大幅に改良できる。また、「行為者（the new process）」の重要性が強調された文になっている。

●受動態の前置詞

受動態を使う際に注意しなければならないのが、「行為者」の前に置かれる「〜によって」を意味する前置詞の選択である。特に、理系英語においてはこの前置詞が非常に重要であり、事実、日本人が書く受動態の英文に見られる誤りの大半が、この「〜によって、〜で」を表す前置詞に関わるものである。具体的にいえば、"by" 一辺倒の英文が少なくない。

以下、理系英語に必須の「行為者・動作主」と「材料・成分」の前置詞について説明する。

①「行為者・動作主」の前置詞

日本語の「〜によって」を示す前置詞で、一般的には "by" か "with" である。

たとえば、前掲の

Many electric appliances were invented by Edison.

のような英文で、本書の読者が "by" を間違えるようなことはないだろう。「〜によって」の「〜」が人物の場合は、間違いなく by である。

ところが、たとえば「バクテリアが電子顕微鏡によって観察された」のような "手段" に関わる場合には、間違いが生じやすい。考えられる英文としては、ひとまず

a) Bacteria were observed by an electron microscope.
b) Bacteria were observed with an electron microscope.

の2通りがあるが、by は誤りで with が正しい。

"observed by an electron microscope" は「電子顕微鏡に観察された」であり、"observed with an electron microscope" は「電子顕微鏡で観察された」である。基本的に、「受動態の動作主(人間)は by、道具・手段は with」と考えれば、ほぼ間違いない。

念のために、もう一組の例文を示す。

a) The technical report was written by Dr. A.
b) The technical report was written with a pencil.

しかし、次の例文のように、by に続く動作主が人間であるとは限らない。

A large amount of fine filters are required by the microelectronic industry.
(大量の微細なフィルターが、マイクロエレクトロニクス産業に求められている)

ところで、私が駆け出しの研究者の頃、論文を書く道具といえば、もっぱらタイプライター(typewriter)、しか

も修正が厄介な手動のタイプライターだったが、ワープロ (word processor) を経て、最近は Word などの「ワープロソフト」を用いてパソコン (personal computer) 上で"書く"のが当たり前となっている。では、「その技術報告書は、パソコンで(パソコンを使って)書かれた」を英語で書けばどうなるか。先に述べた、「動作主は by、道具・手段は with」の原則にしたがえば、

The technical report was written with a personal computer.

となる。

これで誤りというわけではないが、じつは、English native の感覚とは合致しないのである。パソコンは道具には違いないのだが、"with" ですまされる鉛筆やタイプライターのような単なる筆記用具(道具)ではないので、少々厄介である。つまり、パソコンは単なる筆記のための道具以上の多くの機能をもっているので、"with" が使われるといささか抵抗があるのである(これこそ、English native の"感覚"というものである)。

だからといって、"by a personal computer" と書くわけにはいかない。先ほどの "by an electron microscope" と同様、「パソコンに書かれた」ことになってしまうからだ。つまり、"by" を使ってしまうと、パソコンが(人間がするように)報告書の構想から始まり、仕上げまでを"書いた"ことになるのである。

Chapter 3
「理系英語の文法」を攻略する

　最近は「人工知能（AI：artificial intelligence）」なるすぐれものが登場し、AIが書いた小説がある文学賞の予選を通過したというようなご時世だから、将来的には十分に可能なことに思われるが、現時点では"by a personal computer"は無理である。

　結論をいえば、「その技術報告書はパソコンで（パソコンを使って）書かれた」は、

The technical report was written on a personal computer.

となる。これは、「その野球の試合をテレビ（TV）で見た」というときに、

I watched the baseball game on TV.

と、"on"が使われるのと同じ感覚である。これらのonの使用は、理屈で考えるよりも視覚的、感覚的に理解しておくべきであろう。

②手段・方法を示すby
　いま、「受動態の動作主（人間）はby、道具・手段はwith」と考えればほぼ間違いないと書いたが、じつは、理系英語における"by"の重要な用途の一つに、「ある事柄をなすための手段・方法」を示すことがある。この場合の"by"は、"by means of"で置き換えることが可能である。

なお、by には〈名詞〉または〈動詞の-ing 形〉が続くが、by means of の場合、続くのは〈名詞〉のみである。これらの by と by means of は、受動態ばかりではなく能動態にも使える。"手段・方法を示す by" の例をいくつか示しておく。

> Biological molecules like protein were analyzed by the cryo-electron microscopy.
> (たんぱく質のような生物学的分子が、クライオ電子顕微鏡法で分析された)

> Gravitational waves were discovered by the world's most sophisticated detector.
> (重力波は、世界で最も精巧な探知機によって発見された)

> By adding the doping gas to the inert ambient, the resistivity of semiconductors can be controlled.
> (不活性雰囲気中にドーピング・ガスを添加することによって、半導体の抵抗率が制御される)

ついでながら、「その論文は英語で書かれた」の「英語で」は、"by English" や "through English" ではなく、"in English" である。また、「私の意見によれば」も、"by my opinion" ではなく、"in my opinion" である。このような慣例的な表現を憶えることからも、English native の感覚

に近づくことが可能である。

　余談だが、私がお世話になった日本人のある高名な学者（故人）は「私の考えでは（in my opinion）」を必ず"by my opinion"といっていた。この方と私は国際会議などで同席することが少なくなく、また高名な学者なので、しばしば意見を求められ、そのたびに"by my opinion"というので、私は気になって仕方なかった。

　そのようなとき、私は意識的に"in my opinion"を使って気づいていただこうと何度も試みたのであるが、結局いつまでも、その方の"by my opinion"は変わらなかった。その方が私の"in my opinion"に気づかなかったのか、私の"in my opinion"が誤りだと思っていたのかはわからない。はっきりと注意して差し上げるのが本当の親切だとは思ったのであるが、その方が私よりかなり年長であったこともあり、つい私の「日本人的心情」が頭をもたげ、結局、注意しそびれてしまった。

③「材料・成分」の前置詞

　理系英語でしばしば問題になるのは、「〜によって作られている」「〜から成る」という〈be made ＋ 前置詞 ＋ 材料・成分〉の構文における前置詞である。「材料・成分」につく前置詞は、基本的に"from"か"of"であるが、その使い分けが重要である。

　原則として、製品・物質がもとの材料の形をとどめていない場合には"from"が、材料の形が製品にとどまっている場合、材料・成分がその製品・物質の構成要素になって

いる場合は "of" が使われる。

以下、これらの使い分けを実例で確認しよう。

Bio-alcohols are made from organic wastes.

The lubricant is made from silicone.

The filter is made of silk.

The gas cylinder is made of steel.

Carbon dioxide is composed of carbon and oxygen.

The spectrum is composed of lines at definite wave length.

3.2.3　「状態・動作」の否定と仮定

▶否定表現に強くなれば、英語力も高まる

　日本語と比べると、英語の否定構文はかなり複雑である。また、"否定"の表現そのものにも、日本語とはかなり異なるものがあり、たとえ文法的には正しくても "自然な英語" にならない場合が少なくない。否定文を自然な英語で書けるようになれば、かなりの英語力がついたといえるだろう。

Chapter 3
「理系英語の文法」を攻略する

　理系英語においては、「状態・動作」を明確に否定することも、きわめて重要である。伝統的に、肯定も否定もあいまいにしがちな日本人にとって、global に通用する理系英語を体得するためには、"明確な否定"表現に慣れることが必要である。

▶ "not"による否定

　一般的な否定は、副詞 not を用いて行われる。not による否定には、

1) 文の述語動詞を否定することによって、文の内容全体を否定する「文否定」
2) 文中の語句を否定する「語句否定」

の2種類がある。
「文否定」において、述語動詞が be 動詞の場合は〈be not〉、一般動詞の場合は助動詞 do/does を使って〈do/does not ＋ 一般動詞の原形〉の形になる。
　以下に示す文例で、o は肯定文、a は「文否定」文、b は「語句否定」文である。

o) Many of bacteria are harmful.
　（バクテリアの多くは有害である）
a) Many of bacteria are <u>not</u> harmful.
　（バクテリアの多くは有害ではない）
b) <u>Not</u> many of bacteria are harmful.

(有害なバクテリアが多いわけではない)

o) Oxygen atoms diffuse much faster than carbon atoms in silicon.
(シリコン中における酸素原子は、炭素原子よりずっと速く拡散する)

a) Oxygen atoms <u>do not</u> diffuse much faster than carbon atoms in silicon.
(シリコン中における酸素原子は、炭素原子よりずっと速く拡散しない)

b) Oxygen atoms diffuse <u>not</u> much faster than carbon atoms in silicon.
(シリコン中における酸素原子は、炭素原子よりずっと速く拡散するわけではない)

●文法的には正しいのに、English nativeが「不自然」と感じる否定

これらの例からもわかるように、「語句否定」は「部分否定」であり、「もって回ったような」文意のあいまいさは否めない。

また、一般的な日本語では、たとえば「われわれは、そういう現象は起こらないと思う」といった否定表現をよく使う。これを英語に直訳すれば、

a) We think such a phenomenon will not occur.

となるが、これは English native に違和感を覚えさせる英文である。英語的英語としては、

b) We do not think such a phenomenon will occur.

のほうがずっと自然なのである。

bの文では、"we"という動作主の"think"という行為を否定するわけであるから、論理的にはaのほうが正確に思える。また、もちろん、文法的にはaの文でまったく問題ないのだが、bのほうが"自然な英語"なのである。

なぜかといえば、それが93〜97ページで述べた▽型だからである。believe、expect、suppose のような「思う」「考える」系の述語動詞の場合も、同様である。

●「強い否定」と「弱い否定」
——「その細胞はまったく得られない」をどう表現するか

英語における否定は、"not" あるいは "no" を用いてなされるが、no は not よりも強い否定の文を作る。形式的には、no は直後に位置する名詞を否定するが、意味のうえでは述語動詞を否定し、結果的に「文の内容」を否定することになる。日本語には存在しない、英語独特の表現である。

次のa、bはほぼ同じ意味ではあるが、aのほうが否定の度合いが強い。なお、no の後の名詞は、意味に応じて単数形、複数形いずれも可能である。

a) There were <u>no</u> poisons in the material.
（その物質の中に毒物は<u>まったく</u>なかった）

b) There were <u>not</u> any poisons in the material.
（その物質の中に毒物はなかった）

a) We have obtained <u>no</u> STAP cells since her research results were published.
（彼女が研究発表して以来、われわれはSTAP細胞など<u>まったく</u>得ていない）

b) We have <u>not</u> obtained any STAP cells since her research results were published.
（彼女が研究発表して以来、われわれはSTAP細胞を得ていない）

a) He is <u>no</u> physicist, but he has been interested in the universe.
（彼は物理学者<u>などではまったくない</u>が、宇宙について興味を持ち続けている）

b) He is <u>not</u> a physicist, but he has been interested in the universe.
（彼は物理学者ではないが、宇宙について興味を持ち続けている）

noはまた、nobody、nothing、nowhereなどの合成語を作って文の内容を否定する。

Chapter 3
「理系英語の文法」を攻略する

Nobody understands his theory.
（誰も彼の理論を理解していない）

The cleaning method may leave nothing there.
（その洗浄法は、そこにまったく何も残さない＝その洗浄法は完全である）

The missing cells were nowhere to be found.
（その消えた細胞は、どこをどう探してもどこにも見つからなかった）

never は、not の強調表現である。

a) The trial will not succeed.
（その試みは成功しないだろう）
b) The trial will never succeed.
（その試みは決して成功しないだろう）

hardly、scarcely、seldom、rarely などの語は、準否定語として「ほとんどない」「めったにない」という弱い否定を表現する。

The phenomena expected could hardly observed.
（予想された現象はほとんど観察できなかった）

The phenomena are seldom [rarely] observable.

241

(その現象はめったに観察されない)

●「数」を表すfew、「量」を表すlittle

few と little は、いずれも「ほとんど〜ない」の意味であるが、few は「数」を、little は「量」を表す。few の後には通常、複数形の名詞が続く。

Few experiments have done in the field.
(その分野において、実験はほとんど行われていない)

There are few data.
(データはほとんどない)

The company has little information.
(その会社はほとんど情報をもっていない)

Little effort was made to solve the problem.
(その問題を解決するための努力はほとんど為されなかった)

なお、few、little に a がついて a few/a little になると、「少しはある」という肯定の意味になる。

A few experiments have done in the field.
(その分野において、実験が少しは行われている)

Chapter 3
「理系英語の文法」を攻略する

<u>A little</u> effort was made to solve the problem.
(その問題を解決するための努力が<u>少しは</u>為された)

　いずれにしても、"弱い否定"における"弱さの程度"は明瞭ではないので、簡単明瞭を旨とする理系英語では極力避けるべき表現である。言い換えれば、意図的に"弱さの程度"をあいまいにしたい場合には有効な、賢い（ずるい？）表現法となる。

● 仮定表現に強くなる

　不確かなこと、あるいは、あり得ないことを仮定して述べる場合の表現方法が、「仮定法」とよばれるものである。「学校英文法」においては"高度の文法事項"に属し、確かに非常に面倒くさいので、悩まされた読者も少なくないだろう。じつは、私もその一人である。

　文法用語を使えば、仮定法には①仮定法現在、②仮定法過去、③仮定法過去完了、④仮定法未来の4種がある。これらはいずれも、起こり得る可能性がゼロか、ほとんどゼロのことを仮定するものであり、理系英語で必要になる可能性はほとんどゼロである。

　なお、①〜④が仮定する時制（次節で詳述する）は、日本語の名称とは一つずつズレているので注意が必要である。

　しかし、理系英語においても、物事の「仮定」は大切であり、事実、科学・技術の分野では「仮定」しなければな

らない場合が少なくない。内容が新しいほど「仮定」の出番が多くなる。そこで、ここでは文法的に厄介な「仮定法」を離れ、理系英語に必要な「現在あるいは未来の不確かなことを、仮定あるいは想像する場合」の表現法である「仮定の文」について述べることにする。

その基本構造は、

<u>If（＝When）＋主語＋現在形,</u>
　　条件節
　　　　　<u>主語＋未来形（will＋原形）または現在形</u>
　　　　　　　　　主節

である。

以下、例文で「仮定の文」に慣れていただきたい。

a) If the electric current is suddenly turned off, the system will be broken.
（電流が突然切られると、システムは故障するだろう）

b) If the snow pressure is too large, the house will collapse.
（雪の圧力が大きすぎると、家はつぶれるだろう）

c) If a certain voltage is applied to a semiconductor, free electrons are generated.
（半導体にある電圧を加えると、自由電子が生じる）

d) If we heat copper higher than 1100℃, it melts.
（銅を1100℃以上に熱すると、融ける）

　主節の動詞が未来形になるか（a、b）、現在形になるか（c、d）は、そこで述べられる事象の"自明の程度"によって決まる。c、dのような自明の場合には現在形が使われる。

　もちろん、述べられる事象が自明であるか否かは、"状況"にも、対象とする読者にも依存する。その状況においてa、bで述べられる事象が自明であれば、"will be broken"、"will collapse"がそれぞれ、"is broken"、"collapses"にもなり得る。

　逆に、対象とする読者によっては、c、dの"are generated"、"melts"がそれぞれ、"will be generated"、"will melt"にもなり得る。

3.2.4　動詞を修飾する副詞の位置

　副詞の機能については、188〜191ページの「修飾の程度」で簡単に述べた。副詞は形容詞や動詞などの単語のほかに、句・節・文を「修飾」することによって、文意に補助的な、場合によっては重要な情報を加える。文中における副詞は、原則的には修飾する単語の近傍（前か後）に置かれるものの、比較的自由である。

　以下、動詞を修飾する「様態の副詞」と「頻度の副詞」の位置についての原則を述べる。

▶ 様態の副詞

①自動詞の場合 動詞の後にくる

The crystal grows slowly.
Transition metals diffuse quickly.

②他動詞の場合 a 目的語の後、b 動詞の前、c 目的語が長いときは動詞と目的語の間

a) We proposed the theory confidently.
b) We confidently proposed the theory.
c) We analyzed carefully all the materials we had collected from various points of view.

また、次のような〈to +動詞〉の構文では、aのように副詞を動詞の後に置くのが一般的であるが、修飾の程度を強めたい場合にはbのように動詞の前に置くのも可能である。

a) We have to understand truly the quantum theory for the revolutionary computer system.
b) We have to truly understand the quantum theory for the revolutionary computer system.

③受動態の場合 動詞の前後にくる（前に置くと修飾の程

Chapter 3
「理系英語の文法」を攻略する

度がやや強め)

> The STAP cells should have been carefully prepared to publish.
> The STAP cells should have been prepared carefully to publish.

● 頻度の副詞

always、often、rarely、frequently、generally、never、occasionally、regularly、sometimes、usually など

① 一般動詞の場合　動詞の前にくる(-ly の形の副詞は文頭も可)

> We always record all we observed.
> We have never tried such trivial experiments.
> Generally we will not try such trivial experiments.
> Occasionally we waste time and money for trivial experiments.

② be 動詞の場合　be 動詞の後にくる

> These chemicals are usually harmful to human bodies.
> The alloy is seldom useful for electrical applications.

3.3 「いつ」の文法——時制を支配する法則

　理系英語においては、関連する行為、事象、状態が生じた、あるいは生じるであろう時間、また、それらの状態の時間的継続などを明確にすることがきわめて重要である。そして、これらの時間的関係を明確にする点において英語は厳格であり、それに関わる文法を駆使することで、日本語よりはるかに厳密に「時」を表現することができる。

3.3.1　動詞の表現

●過去・現在・未来

　英語では、"時の流れ"をまず「起点の差異」として、大まかに過去・現在・未来に分け、これらを表す言語形式を「時制」とよんでいる。

　時制は、動詞によって表現されるが、動詞本来の形としては現在形（現在時制）と過去形（過去時制）しかなく、未来は助動詞の助けを借りて表現することになる。

　現在時制には、原則として動詞の原形がそのまま使われるが、主語が三人称単数の場合は、以下の要領でsまたはesをつける。その規則は、166～168ページで述べた名詞の複数形に似ている。

①語尾がs、ss、sh、ch、o、xで終わる動詞にはesをつ

Chapter 3
「理系英語の文法」を攻略する

ける

express	→	expresses
rush	→	rushes
dispatch	→	dispatches
go	→	goes
mix	→	mixes

②語尾が［子音 + y］で終わる動詞は、y を i に変えて es をつける

| study | → | studies |
| apply | → | applies |

③そのほかの動詞には s をつける

　過去時制の場合は、動作主に関係なく、次の要領で作られる動詞の規則的な過去形（過去分詞形も同じ）が使われる。

①原形に ed をつける

mix	→	mixed
research	→	researched
test	→	tested

② e で終わる動詞には d だけをつける

calculate	→	calculated
examine	→	examined
investigate	→	investigated

③［子音 + y］で終わる動詞は、y を i に変えて ed をつける

carry	→	carried
study	→	studied
try	→	tried

④ ［ストレスのある短母音＋子音］で終わる動詞は、子音を重ねて ed をつける

dip	→	dipped
lap	→	lapped
stop	→	stopped

be 動詞（原形は be）と have は例外で、be 動詞については以下のようにまとめられる。

	動作主	現在形	過去形	過去分詞
単数	一人称（I）	am	was	been
	二人称（you）	are	were	
	三人称（he, she, it）	is	was	
複数	（we, you, they）	are	were	

have の現在形は、三人称単数だけが has になり、他はすべて have、過去形、過去分詞はいずれの場合も had である。

他の不規則動詞については、一般に英語辞書の末尾に掲げられている「不規則動詞一覧表」を見て憶えるか、そのような単語に出合ったときに、そのつど憶えるほかはない。

Chapter 3
「理系英語の文法」を攻略する

●時制＝「動詞の形」と「時間概念」の対応関係

　時制は、動詞の形態とわれわれの時間の概念（過去・現在・未来）との間の対応関係として理解できる。さらに、われわれの「時間」に関する概念における、過去・現在・未来のそれぞれの「時」の中で、ある状態や動作・行為、出来事が進行中であるか、完了したかを明示しなければならない場合がある。

　動詞本来の形としては現在形と過去形しかないので、「進行中」と「完了」を表すには、それぞれ、形容詞化した現在分詞と過去分詞が用いられる。

　現在分詞は動詞の原形に ing をつけて作られるが、その"つけ方"の一般的規則は以下のとおりである。前述の規則動詞の三人称単数の現在形、過去形の作り方と似ている。幸い、現在分詞においては不規則動詞は存在しない。

①原形に ing をつける
　　mix　　　　→　mixing
　　research　　→　researching
　　test　　　　→　testing
②［子音 + e］で終わる動詞は、e をとって ing をつける
　　calculate　　→　calculating
　　examine　　→　examining
　　investigate　→　investigating
③ ie で終わる動詞は、ie を y に変えて ing をつける
　　lie　　　　　→　lying

| tie | → | tying |
| vie | → | vying |

④ [ストレスのある短母音＋子音]で終わる動詞は、子音を重ねて ing をつける

dip	→	dipping
lap	→	lapping
stop	→	stopping

●その動詞が示しているのは「状態」か「動作」か

　大まかにいえば、動詞は「状態」（状態動詞）か「動作」（動作動詞）のいずれかを表現する。すべての動詞の中で、圧倒的多数を占めるのは、後者の動作動詞である。一般に、動作動詞は do で置き換えることができる。
「状態」は、一定期間継続する、ある事象の"ありよう"を示すものであり、必ずしもはっきりとした起点と終点をもつ必要がない。一方の「動作」は、はっきりとした起点と終点がある一つの出来事である。したがって、動作動詞が進行形を作れるのに対し、状態動詞は、論理的に、進行形を作ることができない。

①一般的な状態を表す動詞

　代表は be 動詞であるが、ほかに次の例文に見られるような動詞がある。

Whales belong to the mammals.

Chapter 3
「理系英語の文法」を攻略する

Diluted water <u>contains</u> much less impurities than ordinary water.

Oxygen atoms and hydrogen atoms <u>differ</u> in size.

Research opportunities <u>exist</u> in a wide range of pure and applied areas.

②心理、認識の状態を表す動詞

　これらの中には好き嫌いや希望、思考状態に関する動詞が含まれるが、理系英語で重要なのは、believe、consider、doubt、imagine、know、recognize、suppose、think、understand のような"認識"に関わる動詞だろう。

We <u>know</u> that there are several planets around the sun.

We <u>suppose</u> that iron atoms diffuse much faster than oxygen atoms in silicon.

We <u>understand</u> that the cryo-electron microscopy is a powerful tool for the biology.

We <u>doubt</u> the existence of STAP cells reported.

③知覚に関する動詞

see（見える）、hear（聞こえる）、feel（感じがする）、taste（味がする）、smell（匂いがする）など、知覚に関する状態を表す動詞で、これらは後述するように、"見る""聞く""感じる"のような意味の場合は動作動詞にもなり得る。

We can see infrared rays with the special camera.

We may hear the ultrasonic sound by transforming into audio frequencies.

意味によって、状態動詞にも動作動詞にもなる動詞は少なくない。have はその代表で、「もっている」という状態と「もつ」という動作を表す。また、前述の知覚に関する動詞も、次のように、意味によって状態動詞 a にも動作動詞 b にもなる。

a) The gas cylinder looks empty.
（そのガスボンベは空っぽに見える）
b) We can look at the uneven surface of the moon clearly.
（月の凸凹な表面をはっきりと見ることができる）

a) The medicine tastes bitter.
（その薬は苦い味がする）
b) We taste the medicine.

(その薬の味をみる)

3.3.2　時間と時の表現

▶ 現在時制

　時間の流れは、過去→現在→未来の順であるが、文章を書く、あるいは、読む当人がいるのはつねに"現在"という"時間的一点"である。したがって、時制概念の中心は当然、"現在"ということになる。

▶ 現在の状態

　現在の単純な状態を表すほか、過去および未来にも成り立ち得る一般的な真実、真理も表す。

Physics is the most basic of the sciences.

The sun rises in the east and sets in the west.

Water consists of hydrogen and oxygen.

▶ 現在の動作

　形式ばった宣言や証明などに用いられる。理系英語で使うには、いささか大げさな印象を与える。

We declare the Olympic Games closed.

We propose the new theory of gravitational waves.

We deny the preservation of nuclear weapons.

The new theory predicts the reaction between carbon and oxygen.

● 現在の習慣

現在を中心に繰り返される動作、出来事が"習慣"である。科学的事実・真理、地理的事実、格言などに用いられる。

Chemical wastes pollute the environment.

Plants breathe just as animals do.

It rains a lot in the Amazon area.

The Strait of Dover locates between Dover and Calais.

The early bird catches the worm.

● 現在進行形

現に進行中の、あるいは継続中の動作を表すもので、

Chapter 3
「理系英語の文法」を攻略する

〈be 動詞の現在形＋現在分詞（-ing）〉の形をとる。現在進行形は、一般英語では習慣を表す現在の反復的意味が結びついた表現にも使われるが、これが理系英語に登場することはほとんど皆無である。

The game software is becoming the basic industry of Japan.

The operator is handling the fire extinguisher.

New hybrid cars are being developed at ABC Company.

NASA is satelliting live from the space shuttle.

▶現在完了形

いわゆる"完了形"は、日本語には存在しないため、やや理解しにくいかもしれない。現在や過去の一点だけを表す現在形や過去形とは異なり、過去から現在までの幅のある時を示したり、過去の状態や結果が何らかの点で現在につながっていることなどを表す際にまことに便利な表現である。

現在完了形は〈have の現在形＋過去分詞〉の形をとり、一般に以下に示す3つの基本的用法がある。大切なことは、いずれの場合も"現在"が含まれていることである。

1. 完了・結果

現在までの動作の完了を表すとともに、その結果が現在に及ぼす影響に関心を示す。

We have collected almost all information necessary to start the project.

The computer system has improved the efficiency completely.

The company has just started the operation of the new production line.

After the problems have been completely solved, we can proceed to the next step.

2. 経験

現在に至るまでの経験を表し、「～したことがある」という意味になる。その経験が過去のいつだったかについては言及しない。それに言及すれば、現在完了時制ではなく、過去時制になる。before、ever、often、once、neverなどの副詞を伴うことが多い。

The machine has often experienced the same trouble in the past.

Chapter 3
「理系英語の文法」を攻略する

The new electric car has never faced such a serious accident.

The system has shown such a kind of problem before.

3. 継続

現在までの状態、動作の継続を表す。for ～（～の間）や since ～（～以来）のような期間を示す副詞句を伴うことが多い。

Electricity has been the most useful energy source in the industry for years.

The belt conveyor system has operated on the same principle since the invention.

Toothed wheels have been used in almost all machines.

This process has been widely adopted in the automobile industry since 2000.

●現在完了進行形

〈have の現在形 + been + 現在分詞（-ing）〉の形をと

り、過去に始まった動作が現在まで継続していることを表すのが基本であるが、現在に至る期間が限定された期間であることを除けば、上述の「継続」と同じような意味をもつ。また、現在まで継続してきた動作が今後も続くであろうことを表すものでもある。

The production facility has been operating since January, 1963.

The IT industry has been enlarging the production of related parts.

We have been selling PET bottles for at least twenty years.

● 過去と現在完了

英語で"過去"を表すことに関しては、日本語にはない独特の表現法がある。

過去の出来事というのは、まさに過去に起こったことである。もちろん、歴史的あるいは論理的に厳密ないい方をすれば、"現在"にまったく影響を及ぼさない"過去の出来事"など存在しない。しかし、英語の理屈では、それが"現在"とはまったく無関係な場合と、"現在"にも何らかの影響を及ぼしている場合とを分けて考えるのである。

前者を扱うのが過去時制であり、それは"過去の出来事"が、過去の特定の時点に関連している場合の表現であ

る。後者は、前述の現在完了で扱われることになる。つまり、現在完了は"現在に関係した過去"を表す表現なのである。

次の例文で、両者の違いを確認しておこう。〈 〉で加えた註記を参考にして、ニュアンスの違いを体感してほしい。

The nuclear reactor was used for twenty years. ［過去］
（その原子炉は 20 年間使われた）
〈いつだかわからないが、20 年間使われた。いまは使われていない〉

The nuclear reactor has been used for twenty years. ［現在完了］
（その原子炉は 20 年間使われている）
〈20 年前の過去から現在まで使われ続けている〉

● 過去進行形

進行中の動作を表すのが進行形であり、その時点を過去に移せば、現在進行形と同様に、過去進行形を考えることができる。過去進行形は、〈be 動詞の過去形＋現在分詞（-ing）〉の形をとる。この表現は、過去のある時点で進行中あるいは継続中だった動作を述べるものであるが、理系英語に登場する頻度はそれほど高くない。

North Korea was developing ICBMs at that time.
(北朝鮮は当時、ICBM を開発していた)

The ICBMs were being developed by North Korea.
(その ICBM は北朝鮮によって開発されつつあった)

Although the car was heavily damaged, the engine was running.
(その車は損傷がひどかったが、エンジンは動いていた)

●過去完了形

基本的には、中心となる時点を"現在"から"過去"に移動しただけで、現在完了と同様に扱うことができる。過去完了形は〈had ＋過去分詞〉の形をとり、現在完了と同様、過去のある特定の時点までの完了・結果、経験、継続を表す3つの基本的用法がある。

また、過去のある時点から見た過去、つまり"過去の過去"を述べる場合にも過去完了形が使われる。

1. 過去のある時までの完了・結果

When the atomic power plant had just finished the foundation work, the massive earthquake occurred.
(その原子力発電所がちょうど基礎工事を終えたとき、巨大地震が起きた)

The lower limit had been reached because liquid

helium was used up.
（液体ヘリウムを使い切ったので、下限に達した）

2. 過去のある時までの経験

That was the first time we had reached the lower limit.
（それは、下限に到達した最初だった）

The company had never reported the issue before July, 1948.
（その会社は 1948 年 7 月まで、その問題を報告したことは決してなかった）

3. 過去のある時までの継続

Vacuum bulbs had been widely used until transistors were invented.
（トランジスターが発明されるまで、真空管が広く使われていた）

Einstein had known the Poincaré's theory since it was published.
（アインシュタインはポアンカレの理論を、それが発表されたときから知っていた）

4. 過去の過去

Bohr had already completed the quantum theory

when we noticed the outline.
（われわれがその概要に気づいたとき、ボーアはすでに量子論を完成させていた）

The institute proved that carbon nanotubes had been found in 1991.
（その研究所は、カーボンナノチューブが1991年に発見されていたことを証明した）

▶過去完了進行形

中心となる時点を"現在"から"過去"に移動して、現在完了進行形と同様に考えればよい。過去完了進行形は〈had + been +現在分詞（-ing）〉の形をとる。

The truth was that she had been proposing the new idea.
（じつは、彼女は新しい考えを提案していたのだった）

The NASA team had been observing the moon before the space probe reached there.
（宇宙探査機が到達する前から、NASAチームは月を観察していた）

▶未来の表現法

現在時制、過去時制に相当する未来時制というものはな

Chapter 3
「理系英語の文法」を攻略する

く、"未来"はいくつかの方法で表される。最も重要な未来形の構文は、助動詞 will、shall や "be going to" を用いるものである。理系英語の中で、特に解説（review）や教科書のような場で、未来表現は活躍の場が少なくない。たとえば、124 ページで紹介した以下の文を改めて見てみよう。

Silicon, which <u>has been</u> and *will* be the dominant material in the semiconductor industry, *will* carry us into the ultra-large-scale integration (ULSI) era. As the technology of integrated circuits (ICs) approaches ULSI, the performance of ICs <u>is proving</u> to be more sensitive to the characteristics of the starting material.

斜体で示した *will* が未来表現である。本文中には現在完了形 <u>has been</u>、現在進行形 <u>is proving</u> も使われているので、それらにも注目していただきたい。

じつは、未来構文には"単純未来"や"意思未来"、"話者の意思"と"相手の意思"、さらには will と shall の使い分けなど、複雑で頭が痛くなるような文法がたくさん含まれており、それらは文学作品などで大いに活躍する。英語における時制表現の多彩さに触れたい読者には、その分野の英文にも目を通すことをお勧めするが、ここでは理系英語において必要な"will による未来表現"と"単純未来"について述べる。

● "will"による未来表現

1. 単純未来

上記の *will* のように、〈will + ～〉の形で「～」について、話者や主語の意思に関係なく、未来に起こると予測される事柄を示す。理系英語に最も多く登場する未来形である。

The temperature in the furnace will reach at 1200 °C in a few minutes.

If a circuit breaker is not used, the electric current will exceed the upper limit.

2. 意思未来

主語(話者)が特定の人間になると、その主語(話者)の意思や意図を示唆する表現になる。ただし、主語が「一般の人」を意味する we、you、they の場合は、単純未来と考えてよい。理系英語の場合、主語(話者)はもっぱら特定の話者としての we(まれに I)であり、意思未来を表すことが多い。

We will report the experimental details at the next conference.

We will be able to complete the entire program

within one year.

● "be going to"による未来表現

　口語で用いられることはあっても、理系英語の文章語に登場することはほとんどないが、"be going to 〜"で「近い未来の予測（〜しそうだ）」や「前もって考えていた意図（〜するつもりだ）」という現在の意図から生じる"未来"を表現することがある。この場合も、理系英語における主語はもっぱら特定の話者としてのwe（まれにI）である。

　意味の上では"will 〜"と"be going to 〜"とでほとんど差がない場合もあるが、両者の基本的な相違点として、次のことが挙げられる。

① "be going to 〜"は、すでに何かの兆候があることを前提にし、近い未来の予測を表すのが普通である。一方の"will 〜"は、話者の単なる予測であり、それは近い未来でも遠い未来でもかまわない。

　We are going to begin the national project.
　　（[じきに] 着手する）

　We will begin the national project.
　　（[そのうちに] 着手する）

　つまり、"will"の場合は、いつの未来かがはっきりしな

いので、理系英語においては "in a week" とか "in two years" といった副詞句を添えて、具体的な時期を示すことが求められる。

ちなみに、政治家の答弁のように「時期」を明言したくない場合には、"will" のみを用いてあいまいな表現にすることで、意図的に具体的な時期をはぐらかすことも可能である。もちろん、理系英語においては通用しない策ではあるが。

② "will" は単に "その場の状況に応じた意図" を表すが、"be going to" は "あらかじめ考えていた意図" を表す。たとえば、次の例文を読み比べていただきたい。

a) We are going to order the optional parts today.
b) We will order the optional parts today.

a は、部品がなくなりつつあることを知っていて、「予定どおりに今日」発注しようとしているのである。一方の b は、誰かに部品が不足しつつあることを指摘されて "we" が「発注するつもりになった」ことを示している。学校英語で教える文法では、あたかも相互に置き換え可能であるかのような問題が出される両者だが、その含意がかなり異なることがよくわかるだろう。

● "be to" による未来表現

未来の予定、特に "公式の予定"（「〜することになって

Chapter 3
「理系英語の文法」を攻略する

いる、〜する予定である」）は "be to 〜" で表現できる。"be about to 〜" と about を入れると、「いままさに〜するところである」という意味になり、未来の出来事がきわめて近いうちに起こることを強調する表現となる。

The Japanese government is to make a plan to promote recycling wastes.
（日本政府は、廃棄物の再利用促進計画を立てることになっている）

The nuclear power plant is to be scrapped.
（その原子力発電所は解体されることになっている）

The nuclear power plant is about to be scrapped.
（その原子力発電所は、いままさに解体されるところである）

▶未来進行形

未来のある時点における継続中の動作や、「〜することになる」と予測されることを表す。〈will + be + 現在分詞（-ing）〉の形をとる。なお、未来進行形は単純未来だけを表し、意思未来は表現しない。

In the afternoon of tomorrow, we will be operating the new computer system.
（明日の午後、われわれは新しいコンピューター・シ

ステムを操作中だろう）

The troubled machine will be normally working in two weeks.
（その問題が多かった機械も、2週間以内には正常に動いているだろう）

●未来完了形

未来のある時点を基準にして、現在完了、過去完了と同じ意味を表す。〈will + have + 過去分詞〉の形をとる。

1. 完了・結果

North Korea will have performed all the nuclear tests in the near future.
（北朝鮮は近い将来、すべての核実験を成就してしまうだろう）

Almost all the lightning fixtures will have been replaced with LEDs within ten years.
（10年以内に、ほとんどすべての電灯器具は LED に置き換えられてしまうだろう）

2. 経験

If we make a successful ascent of Mt. Everest next year, we will have been there three times.
（来年、われわれがエベレスト登頂に成功すれば、わ

れわれはそこに3度行ったことになる)

3. 継続

They will have involved themselves in the national project for ten years in next April.
(来年の4月で、彼らはその国家プロジェクトに10年間携わっていることになる)

▶未来完了進行形

基準となる時点が未来にあるだけで、基本的には現在完了進行形と同じ意味を表す。〈will + have + been +現在分詞（-ing）〉の形をとる。

By next year we will have been pursuing the study on the gravitational waves for ten years.
(来年で、われわれは10年間、重力波の研究を進めていたことになる)

The nuclear fuel will have been burning for many years if it does not stop immediately.
(その核燃料の燃焼をただちに止めなければ、これから何年も燃え続けることになる)

巻末付録

(1) 接頭辞

意味	接頭辞	例
否定	dis-	disadvantage(↔advantage) disagree(↔agree) disorder(↔order) distrust(↔trust)
	in- im-	inaccurate(↔accurate) incredible(↔credible) independent(↔dependent) insufficient(↔sufficient) impossible(↔possible) impractical(↔practical)
	il- ir-	illegal(↔legal) irrational(↔rational) irregular(↔regular)
	un- non-	unable(↔able) uncertain(↔certain) unreal(↔real) unusual(↔usual) nonfiction(↔fiction) nonflammable(↔flammable)
反対・対照	contra-	contradict(dictは「語根」参照) contraflow(↔flow)
	anti-	antiatom(↔atom) anticatalyst(↔catalyst) anticavity(↔cavity) antifriction(↔friction) antigravity(↔gravity) antireflection(↔reflection)
位置・方向の on、to、in、 into	a- ad-	aboard(=on board) aside(=to one side) asleep(=on sleep) adjust(=to just) admit(=to mit; mitは「語根」参照)

意味	接頭辞	例
	in-	income(↔outcome) inspect(spectは「語根」参照) interior(↔exterior) intrinsic(↔extrinsic)
	en- em-	encapsulate encasement enclose encounter embrace(em+brace[=arm])
位置・状態の among、 between	inter-	interaction interconnect interface intermediate international intersection interstitial intertidal
位置・方向・ 状態のout、 beyond、over	out-	outcome outdoor(↔indoor) outlet(=exit) outlook outward
	over-	overflow overline overlook overmeasure overpower overpressure oversize overspread overuse overview overvoltage

意味	接頭辞	例
位置・方向・状態のdown、under	sub-	subatmospheric subclass subcontract subfield subgroup submarine submicron subsection subspace subsystem subway subzero
	sup-	suppose suppress
	sus-	suspect suspend sustain
前・前進	pre-	precede preconception precursor predict predominant prefer prescribe prevent
	pro-	proceed proclaim program progress prologue prolong promote propel proposition prospect

意味	接頭辞	例
	fore-	forecast foredoom forehand foreknowledge foremost forerun foresight foretaste foretell forethought
後・後退	post-	postatomic postdate postlude(↔prelude) postmodern postpose postscript postwar
	re-	react rebate rebound recede reflect reflux regret reject repair reply research respond retard retrieve retrograde return revenge reverse review

意味	接頭辞	例
遠方	tele-	telecommunicate telegraph telescope television telex
周囲	circ(u)- circum-	circle circulate circumambient circumference circumfuse circumscribe circumstance(s) circumvent circumvolve
超越・優越	extra-	extraatmospheric extraordinary extraterrestrial
	super-	superchip supercomputer superconductor supercool superempirical superfluid superior superlattice supernatural supernormal superstition superstructure superunification
	sur-	surcharge surface surfeit surpass surprise survive

意味	接頭辞	例
分離・離脱	ab-	aberrate abject ablate abnormal absence absorb abstract absurd
	de-	debar decay deceive decompose deform degenerate delay depart deposit derive design detach detect
	ex-	exceed except exchange exclude execute expand expedition expense expire explode export extend external extract

意味	接頭辞	例
数	uni- (=one)	uniform union unique unite universe
	mono- (=single)	monoatomic monochromatic monogenic monomer monomorphism monopoly monoscope monotone monotonous
	bi- (=two)	bicycle bidirectional bifocal bilateral binary binocular bipolar bisect biweekly
	tri- (=three)	triangle trichromatic triclinic triform triple triton
	cent(i)- (=hundred)	centennial centimeter centipede century

意味	接頭辞	例
	multi- (=many)	multicolor multilevel multimedia multiple multiplex multitude multivocal
再度	re- (=again)	recall recollect release remind renew repeat replace restore review rewrite
共に、一緒	con- (=together)	concentrate concern conclude concord concurrent condense confer confirm conform connect consent contact contain convince

意味	接頭辞	例
交叉	trans-	transact transducer transfer transform translate transplant transport transpose
他動詞化	en-	enable enact enclose enfold engage enlarge ennoble enrich ensure entrain entrap entrust envision enwrap
	in-	inaugurate incline incorporate increase incrust infuse insure

巻末付録

(2) 接尾辞

役割	意味	接尾辞	例
名詞化	人あるいは擬人化された物	-(i)an	European historian mathematician physician politician technician
		-er	computer engineer farmer loser maker researcher thinker user viewer writer
		-ar	beggar liar scholar
		-or	conductor doctor insulator investigator semiconductor transistor tutor
		-ist	artist biologist chemist dentist phycologist physicist

役割	意味	接尾辞	例
名詞化	抽象名詞	-ance	allowance endurance performance tolerance
		-ence	dependence difference intelligence patience
		-ment	development improvement punishment refreshment statement
		-ness	cloudiness consciousness darkness goodness
		-sion	compression compulsion conclusion discussion impression invasion
		-tion	competition contribution explanation invention relation revolution satisfaction

巻末付録

役割	意味	接尾辞	例
形容詞化	～に満ちた	-ful	beautiful careful harmful hopeful thoughtful wonderful
	～がない	-less	careless endless harmless hopeless reckless regardless
	～の	-al	accidental annual fundamental industrial natural potential
		-c	economic electronic heroic historic
		-cal	chemical electrical physical practical technical
		-ive	active corrective destructive detective passive

役割	意味	接尾辞	例
形容詞化	～ができる	-able	explainable readable reliable sustainable tolerable washable
		-ible	credible horrible reducible visible
	～の、 ～の性質を 持った	-en	ashen golden wooden woolen
		-ine	crystalline feminine genuine marine
動詞化	～する、 ～させる	-ate	communicate duplicate evaporate generate
		-en	darken fasten harden heighten
		-ize (-ise)	actualize Americanize annualize computerize criticize crystallize itemize oxidize
		-yze	analyze

役割	意味	接尾辞	例
	繰り返し〜する	-le	dazzle giggle sparkle twinkle

(3) 語根

意味	語根	例
to hear	aud	audibility(n) audible(adj) audience(n) audient(adj) audio(n,adj) audiology(n) audition(n) auditorium(n) auditory(adj,n)
center	centr centro centri	central centrifugal centripetal centroid centrum concentrate eccentric
slope to lean	clin clino	clinograph clinometer decline incline monoclinic
to close、 to shut up	clude	conclude exclude include seclude

意味	語根	例
to speak	dict	contradict dictate dictionary indict predict
to lead、 to bring in	duce	introduce produce reduce
end	fin	define final finish
to please	grat	congratulate grateful gratify gratitude gratulate
hand	manu	manual manufacture manuscript
to send	mes miss mit	admit commit dismiss message mission permit transmit
to carry	port	export import portable report support transport

意味	語根	例
first	prim	primary prime primitive primordial primus
to stand	sist	assist consist insist persist
to look、 to see	spect	inspect prospect spectacle spectate
empty	vac van	vacancy vacant vacation vacuum vanish vanity
to turn	verse vert	advertise converse convert divert

【主な参考図書】(順不同)

1. 江川泰一郎『英文法解説[改訂三版]』金子書房、1991

2. G. Leech and J. Svartvik, *A Communicative Grammar of English*, Longman, 1994(池上恵子訳『現代英語文法〈コミュニケーション編〉[新版]』紀伊國屋書店、1998)

3. M. Alley, *The Craft of Scientific Writing*, Springer, 1996(志村史夫編訳『理科系の英文技術』朝倉書店、1998)

4. R. Barrass, *Scientists Must Write—A Guide to Better Writing for Scientists, Engineers and Students*, Chapman & Hall, 1978

5. 大西泰斗、ポール・マクベイ『ネイティブスピーカーの英語感覚』研究社、1997

6. 志村史夫『理科系のための英語プレゼンテーションの技術[改訂新版]』ジャパンタイムズ、2010

7. 志村史夫『理科系のための英語リスニング』ジャパンタイムズ、2005

さくいん

アルファベット・数字

a/an	172
ABC	132
active communication	26
a few	242
a little	242
always	247
any	188
Bardeen	19
be 動詞	212
be about to ～	269
be going to による未来表現	267
be to ～	269
be to による未来表現	268
beaten track	15
Bell, Graham	14
Bell 研究所	14
block 読み	111
Bloom, Allan	82
Brattain	19
by	230, 233
by means of	233
C (complement)	210
cherry	54
COBUILD	66, 74
COBUILD Advanced Learner's English Dictionary	66
communication	42
communication のための道具	41
concentrate	79
desert	57
do	212
DO (direct object)	210
double hedging	47, 91
English native	151
English native の感覚	152, 232
equipment	158
Esperanto	70
few	242
flesh	49
frequently	247
from	235
generally	247
genius	224
ghostwriter	227
gifted	224
hardly	241
have	212
Hearn, Lafcadio	163
Hemingway, E	81
Hepburn, Audrey	165
Hepburn, J. C.	164
hieroglyph	78
Hornby	31, 58, 65, 209
how	206
intimate	64
IO (indirect object)	210
iPS細胞	135
It is …の構文	214
Keene, Donald	164
laser	137
Lawrence, D. H.	81
little	242
love	66
machinery	159
magazine	76
maser	138
meat	49
Melville, H.	81
narrow	62
native American	128
Native American	128
native English	13, 56, 60
native English としての意味	61
native language	28
nātūra	87
Nature	76

never	241, 247	
Newton	83	
no	239	
nobody	240	
not	237, 239	
nothing	240	
nowhere	240	
O(object)	210	
occasion	15	
occasionally	15, 247	
of	235	
often	247	
of which	196	
on	233	
only	190	
oral communication	26	
oral presentation	96	
Oxford Advanced Learner's Dictionary of Current English	31	
passive communication	26	
Patel, J. R.	14	
Pax Americana	71, 82	
Pax Britannica	71	
PL	133	
PL法	89	
presentation	96	
rarely	241, 247	
reason	205	
referee	46
regularly	247
reviewer	46
S(subject)	210
scarcely	241
Science	76
seldom	241
serendipity	109
Shockley	19
small	62
some	187
sometimes	247
state(名詞)	56
state(動詞)	121
swing	59
syllable	79
that	193, 197, 207
the	172
theの用法	175
the author(s)	227
the reason why ~	205
there is 構文	213
thesaurus	57
Thomson, E.	161
Thomson, Sir G. P.	162
Thomson, Sir J. J.	161
Thomson, W.	161
to 不定詞	220
usually	247
V(verb)	210
vocabulary	48, 117
way	206
well	190
what	192, 199
whatever	200
when	205
where	204
which	193, 195
whichever	200
whoever	200
whose	196
why	205
wide	63
will による未来表現	266
will be certain	15
with	230
written communication	26
1次的 communication	28
2次的 communication	28
3000の最重要語	73

あ行

アポストロフィー	170
アメリカ英語	11
アラビア語	71
アリストテレス	162
飯島澄男	39
イギリス英語	11
イシグロ, カズオ	11, 121
意思未来	266
一人称複数の we	226
意味上の一致	216

さくいん

「意味を類推する」能力 77	大澤映二 39	カタカナ英語 43
インターネットの辞書サイト 67	大村益次郎 164	カタカナ日本語 44
運動の法則 83	音声 72	学校英語 20, 22
運動方程式 85	音節 79	仮定の文 244
英英辞典 57, 59, 65, 75, 160	音読 103	仮定法 243
英語 71	**か行**	仮定法過去 243
英語ができない日本人 35	概数 188	仮定法過去完了 243
英語実用能力 23	外来語 168	仮定法現在 243
英語習得に対する幻想 25	書き下し文 113	仮定法未来 243
英語読解力 108	「書き下し文」的訳読 114	カーボンナノチューブ 39
英語と日本語の本質的な違い 107	書き言葉 11	カール 38
英語ならではの感覚 74	格 193	川端康成 121
英語熱 35	書くために読む 109	関係詞 191
英語の樹 72	書く力 138	関係代名詞 191
英語の基礎文法 152	過去 260	関係副詞 191, 203
英語力 13, 73, 192	過去完了形 262	冠詞 140, 154, 171
英作文 121	過去完了進行形 264	漢字 78
英文法 151	過去形 248	慣性の法則 85
英和辞典 56, 59	過去時制 248	間接的 communication 28
エスペラント 70	過去進行形 261	間接目的語 210
エスペラント文化 70	過去のある時までの完了・結果 262	完了 251
似非英語 45	過去のある時までの経験 263	完了形 257
エレクトロニクス50年史 18	過去のある時までの継続 263	完了・結果 258, 270
エレクトロニクス文明 18	過去の過去 263	関連知識の充実 116
大江健三郎 121	過去分詞 217, 251	基礎英語 72
	可算 154	基本文型 210
	可算名詞 156, 160, 166, 172	決まり文句 142
		客観性 228
		客観的な we 226
		ギリシャ語 70, 168

句	212	
クロトー	38	
経験	258, 270	
継続	259, 271	
形容詞	184, 212	
決定詞	174	
「結論→説明」の▽型	94, 239	
ケルヴィン卿	161	
研究者	16	
現在完了	261	
現在完了形	257	
現在完了進行形	259	
現在形	248	
現在時制	248, 255	
現在進行形	256	
現在の習慣	256	
現在の状態	255	
現在の動作	255	
現在分詞	216, 251	
謙譲の精神	47	
謙譲の美徳	42, 94	
限定詞	174	
(関係代名詞の)限定用法	193, 197	
(形容詞の)限定用法	184	
語彙	48, 117	
小泉八雲	163	
語彙力	73	
語彙力強化法	74	
行為者	228	

「行為者・動作主」の前置詞	230	
構成	140	
構造	150	
後置限定詞	174	
講読	100	
構文	209, 217	
国語辞典	59	
国際共通語	34, 70	
国際言語	12	
語句否定	237	
語形変化	152	
語源	77	
語根	77, 79	
語順	152	
語法	152	
誤訳	108	
固有名詞	154, 161	
語力	26	

さ行

最上級	198	
サイデンステッカー	122	
「材料・成分」の前置詞	235	
査読者	46	
作用-反作用の法則	85	
指示形容詞	174	
時制	152, 248, 251	
自然科学	72	
自然な英語	239	
実戦的英語力	13, 59	

実戦的英文法	29	
実用英語	23	
実用的語彙・表現集	142	
自明の程度	245	
社会科学	72	
集合名詞	158	
修飾の程度	188	
主格	193	
受験英語	24, 152	
受験用英文法	29	
主語	150, 209, 210	
主節	244	
述語	150, 209	
受動態	221	
受動的 communication	26	
準否定語	241	
象形文字	78	
条件節	244	
状態	252	
状態動詞	212, 252	
冗長句	91	
冗長表現	91	
(形容詞の)叙述用法	184	
ショックレイ	19	
助動詞	212, 248	
所有格	193	
所有形容詞	174	
書力	29, 109	
進行中	251	

さくいん

人文科学	72
数	242
数詞	174
数量	186
数量形容詞	174
スモーリー	38
(関係代名詞の)制限用法	193
製造物責任法	89
精読	118
世界共通言語	70
世界に通用する英語力	41
節	191, 212
接頭辞	77, 79
接尾辞	77, 79
「説明→結論」の△型	94
全	198
先行詞	191, 199
前置限定詞	174
前置詞	200, 230
前置詞を伴う関係代名詞	200
専門用語	74
挿入用法	193

た行

第1文型	210
第2文型	210
第3文型	211
第4文型	211
第5文型	212
代名詞	153
タウンズ	138
ただ一つに決まる	176
多読	75
単語	72
単純未来	266
単数形	162
(名詞の)単数・複数	154
中央限定詞	174
抽象名詞	154, 157
聴力	29
直接的 communication	28
直接目的語	210
著者独特の"味"	81
沈黙は金	42, 94
通読	101
使われ方の理屈	152
定冠詞	172
添削指導	145
同意語	80
同根の英単語	77
動作	252
動作動詞	212, 252
動詞	209, 210
動名詞	211
読力	29, 109
読解力強化法	116
朝永振一郎	143

な行

内容を理解する speed	103
日常会話	150
日本語と英語の構造の違い	46, 94
日本語と英語の文法の違い	46
日本独特の文化・伝統	41
ニュートン	83
人称	215
能動態	221
能動的 communication	26
ノーベル賞	38

は行

派生語	76, 80
パソフ	138
バーディーン	19
話し言葉	11
反意語	80
ヒエログリフ	78
(関係代名詞の)非限定法	193
(関係代名詞の)非制限用法	193
筆写	75, 140, 144
否定構文	236
表意文字	78
表音文字	78
頻度の副詞	247
ファインマン	143
不可算	154
不可算名詞	155, 160, 172

複合関係代名詞		補語	209, 210	弱い否定	243
	192, 199	母国語	28	弱さの程度	243
副詞	188, 212	翻訳の限界	107	**ら行**	
副詞を置くべき場所	189	**ま行**		ラテン語	71, 168
複数形	162, 166	マロリー	182	理系英語	
普通名詞	154	南方熊楠	25, 143		11, 24, 72, 81, 150
物質名詞	155	未来	265	理系英語の命	154
不定冠詞	172	未来完了形	270	理系英語の使命	
不定詞	211	未来完了進行形	271		30, 87
不適訳	108	未来進行形	269	理系の英文を正確に	
部分否定	238	無	198	書ける能力(書力)	
普遍的な自然	87	無冠詞	155		29, 109
不要な語	91	無機的分野	54	理系の英文を正確に	
ブラッテン	19	明確な否定	237	読める能力(読力)	
フラーレン	38	名詞			29, 109
ブロークン・イングリッ			97, 141, 153, 209, 212	理系の文章に求めら	
シュ	29	名詞句	209, 211	れる条件	89
プロホロフ	138	名詞節	211	略語	131
文化	42	名詞の地位	97	略語辞典	131
文化・習慣の違い	46	目的格	193	量	242
文系英語	72, 81	目的語	209, 210	類語辞典	57
分詞	212, 216	黙読	103	ローマ字	78
分詞構文	217	本居宣長	143	論述	121
文章語	11	**や行**		ロンドン抜書	144
文の構造	209	訳読	100	論理性	107
文否定	237	山中伸弥	135	論理の積み重ね	118
文法	72, 73, 107, 150	唯一	198	**わ行**	
文法力	29	有機的分野	54	和英辞典	56, 77
ヘップバーン, オードリー		様態の副詞	246	和製英語	44
	165	(理系英語を)読む	100	和文英訳	121
ヘボン	164	読むspeed	103	話力	29
ヘボン式ローマ字	164	読む力	138		

N.D.C.835　　294p　　18cm

ブルーバックス　B-2055

理系のための「実戦英語力」習得法
最速でネイティブの感覚が身につく

2018年4月20日　第1刷発行

著者	志村史夫	
発行者	渡瀬昌彦	
発行所	株式会社講談社	
	〒112-8001　東京都文京区音羽2-12-21	
電話	出版　03-5395-3524	
	販売　03-5395-4415	
	業務　03-5395-3615	
印刷所	(本文印刷)慶昌堂印刷株式会社	
	(カバー表紙印刷)信毎書籍印刷株式会社	
製本所	株式会社国宝社	

定価はカバーに表示してあります。
© 志村史夫　2018, Printed in Japan
落丁本・乱丁本は購入書店名を明記のうえ、小社業務宛にお送りください。送料小社負担にてお取替えします。なお、この本についてのお問い合わせは、ブルーバックス宛にお願いいたします。
本書のコピー、スキャン、デジタル化等の無断複製は著作権法上での例外を除き禁じられています。本書を代行業者等の第三者に依頼してスキャンやデジタル化することはたとえ個人や家庭内の利用でも著作権法違反です。
R〈日本複製権センター委託出版物〉複写を希望される場合は、日本複製権センター(電話03-3401-2382)にご連絡ください。

ISBN978-4-06-502055-5

発刊のことば

科学をあなたのポケットに

二十世紀最大の特色は、それが科学時代であるということです。科学は日に日に進歩を続け、止まるところを知りません。ひと昔前の夢物語もどんどん現実化しており、今やわれわれの生活のすべてが、科学によってゆり動かされているといっても過言ではないでしょう。

そのような背景を考えれば、学者や学生はもちろん、産業人も、セールスマンも、ジャーナリストも、家庭の主婦も、みんなが科学を知らなければ、時代の流れに逆らうことになるでしょう。

ブルーバックス発刊の意義と必然性はそこにあります。このシリーズは、読む人に科学的に物を考える習慣と、科学的に物を見る目を養っていただくことを最大の目標にしています。そのためには、単に原理や法則の解説に終始するのではなくて、政治や経済など、社会科学や人文科学にも関連させて、広い視野から問題を追究していきます。科学はむずかしいという先入観を改める表現と構成、それも類書にないブルーバックスの特色であると信じます。

一九六三年九月

野間省一